新中国語から
中国の「真実」を見る！

現代流行語解説と日中文化比較

黄文葦
Kou Buni

風人社

まえがき

私は日本で24年間暮らしています。日本と中国は、自分の二つの祖国だと心の底から思っています。日本に生きて、最大の収穫は、私は迷わず「日本語」と答えます！　日本語の本を出版することは長年の夢でした。

まず、自分の経歴を紹介します。1984年12月に、中国福建省の閩江（みんこう）学院に設立後の第一期生として入学し、1987年12月にマスコミ専攻を卒業しました（当時、中国の大学進学率は約10%でした）。1988年1月から1989年12月まで、教育支援のために新卒者を派遣する政府の政策に応じて、福建省福州市の山奥にある宦渓中等学校で教員として勤務しました。1989年に福建省で初めて実施された公務員試験に合格し、同年12月から2000年3月まで、政府機関紙の「福建老年報」の編集部主任を務めました。1990年代からは、福建省福州市作家協会や福建省新聞撮影学会の会員となりました。

中国の外の世界を体験したかったのと、社会主義と資本主義のジャーナリズム理論を両方把握してみたいとの思いから、30歳を過ぎて日本留学の道を選びました。2000年4月に来日、東海大学日本語別科に入学。「あいうえお」から日本語の勉強を始め、日本語に深い愛着を持つようになりました。半年後、初めての日本語の文章を大学新聞に載せていただきました。

その後2002年に東海大学大学院コミュニケーション専攻に進学し、2004年に修士課程を修了しました。大学院在学中は、一年間「中央公論」の学生記者として活動しました。卒業後は、日本で発行される中国語新聞社で記者、編集者、副編集長を務めました。2009年8月からは留学生教育の仕事に従事しながらフリージャーナリストとして活動しました。2015年、学校法人白萩学園の理事に就任し、2024年7月からは名誉理事に就任しました。

また視野を広げるために、2024年5月には一般社団法人日本能力開発推進協会の「上級心理カウンセラー」の資格を取得しました。

2020年8月から2023年7月までの3年間は、まぐまぐサイトにて日中文化比較を主な内容とするメルマガ「黄文葦の日中楽話」を発行しました。これが中国の流行言葉を集めるきっかけとなり、メルマガの中に、毎回流行言葉の「新中国語」というコーナーを設けました。「日本と中国、なんでも比べる」「日中理解とは何か考える日々」がメルマガの趣旨です。日本語が母国語ではないのに、日本語メルマガの発行人になるのは無謀なことではないかと思われるかもしれませんが、思いっきり精一杯チャレンジしたのです。おかげで、多くの読者と日中文化比較の交流を実現できました。

幼い頃、人前で話すのは苦手でしたが、文字での表現にいつも夢中になっており、中国語も日本語も、自分なりの表現のカタチをずっと追求しています。

10数年前から、SNSで日本語での発信を始めると、オンラインでの友達の輪が、だんだん広がってきました。コラムニストになるチャンスをくださった2組の関係者に心から感謝しています。一つは中国、韓国など東アジアの話題を配信するニュースメディアである「レコードチャイナ」です。2016年10月から2020年8月まで「レコードチャイナ」でコラムを執筆していました。もう一つは留学生時代の学生記者が集まるサイト「一号館一〇一教室」です。仲間たちと様々なテーマについて話し合い、コラムを書くエネルギーをもらい、日本語に浸かることは自分の生きがいだと悟りました。

2019年には、電子書籍『日中文談：在日中国人の日本観（エッセイ）』を出版し、自分の日本語文章の「貯金口座」に数十万文字の「蓄え」ができました。

本書で紹介する「新中国語」の言葉から、現在の中国社会事情と人々の価値観がみられると思います。日本のみなさんにこれらの言葉を知り、中国を理解する新しい窓口を提供しようと試みました。中国語を勉強している方の一助になれば幸いです。

近年、中国でもネット用語が非常に多くなってきました。これらの流行語には、民間の知恵やユーモアが溢れています。それでも不粋・チープさのような特徴もあります。それにしても流行言葉は、社会の現実と人々の声を真に反映するものです。

ネット用語のおかげ（せい？）で、言葉はますます「自由」になってきます。ただし、自由すぎると、文化は言葉に追いつけないでしょう。私はネット用語の発達が一つの社会文化現象として、研究する価値があると考えています。これらの「新中国語」はほぼ若者言葉なので、流行言葉から「若い新型中国」が垣間見えるかもしれません。もともと「新中国」という言葉は、1949年に建国した中国を指す特定用語です。時代が進むにつれて、中国はさらに新たな発展を遂げていると言えるでしょう。つまり、中国社会・中国人はますます新しくなってきました。

この本の中に収録された多くの流行言葉は、2020年から3年間に生まれた言葉たちです。ある程度コロナ流行の「乱世時代」の特徴を反映していると言えます。

本書では、「新中国語」の言葉を中国の漢字でそのまま書き、日本語で解説します。「新中国語」の採取と解説を通じて、多くの日本語と中国語の漢字が共通していることに再び驚かされました。昔から漢字は日本と中国をつなぐ存在です。

日本語と私の故郷福建省福州の地方言語、発音が似ている言葉は数え切れないほどあります。たとえば、「日本」(NIPPON)の発音は、福州語と日本語がほぼ同じです。「野(や)」、「素麺」、「天下」、「犬(けん)」、「感謝」、「謝罪」、「参加」、「加減(かげん)」などなど。「転婆(てんばばあ)」という日本語の言葉は福州語にも存在します。

2020年に中国でコロナウイルスの感染が拡大した際、中国語検定「HSK」の日本実施委員会事務局は湖北省の大学などに「山川異域　風月同天」と書かれた支援物資を送りました。また、一般社団法人琉球経済戦略研究会（沖縄県那覇市）は沖縄県と友好関係にある中国福建省に「守礼之邦　源遠流長」と書かれた支援物資を送りました。これは、礼節を重んじる琉球王国の時代から続く沖縄と中国の長い交流関係を象徴しています。困難な時期に、漢字という文化的な絆が、日本と中国を一つのチームに結びつけたのです。

流行言葉の解説に続いて、日中文化の比較に関するエッセイも収録しました。

（2024年7月）

新中国語から
中国の「真実」を見る！

現代流行語解説と日中文化比較

目　次

第2部　日中文化比較 …… 127

日中関係に関する世論調査は無意味だ

毎年、日本の内閣府は「外交に関する世論調査」を実施する。その結果として、「中国に対して『良くない』印象を持つ日本人が増えている」という報道がなされる。もうこのようなニュースなら、取り上げないほうがいいのではないか。

このような世論調査は、全国の数千人を対象に行われているが、全人口中の僅かである。良くない印象には、「親しみを感じない」など、理由はもちろんいろいろある。日本人の中でも、中国政府は大嫌いだが、一生懸命中国語を学んでいる人が大勢いるはず。さらに言えば、最も典型的なこととしては、中国は嫌いでも、中国の伝統文化に愛着を持つ日本人は大勢いる。

嫌いであっても、「知己知彼」（己を知り彼を知る）は必要だ。相手国の文化を勉強することによって、考え方が深まっていくだろう。

日中関係は、単なる世論調査の数字では物語れない。数字だけでは分からないことはたくさんある。選挙結果だって、必ずしも人々の気持ちを反映してはいないから。日本と中国、隣国だから運命共同体、助け合わないと何もできないと思う。大人として当然の自覚を持つこと。感情のおもむくままに相手を罵倒するのは、子供のすることである。

環境であれ安全保障であれ、協力する過程の中ではじめて発見できる相手の一面もあるだろうし、本当のリスペクトはそういう過程からしか生まれない。相手国への親近感があるかないかなんて、実はたいした問題ではない。

日本は、戦前の過ちに学び、中国は過剰な愛国主義・民族主義に警戒して、ナショナリズムが衝突に繋がらないような危機回避の仕組みを構築することは大事である。国民間の相互交流はもちろん重要である。

中国に「良くない」印象を持つ日本人が増えているというニュースが出ると、ますます嫌中憎韓派が増える恐れがある。思慮の浅い人々の中には、このニュースを見て、「そういうことであれば、時代の風潮に合わせて、自分も嫌中憎韓派になるか！」と思う人間が、出てくるではないか。一種の同調圧力だと言えるかもしれない。

世論調査では、「中国政府に」「中国の人々に」「中国の文化に」などと分ければ、まったく違う結果になると思う。あえて言えば、日中関係に関する世論調査は無意味だ。

近年、中国への日本人旅行者が減っているのは気になる。誤解を恐れずに言うと、日本人は嫌なものに目を背ける傾向がある。やはり敵を知ろうとしないと、相手のことは絶対に理解できない。コロナの後、中国旅行へ行ってみてはいかがですか。

かつてFacebookの友達の中に、中国人には「痰（たん）を吐く」というイメージしか持たない方がいた。日本では、「不思議な中国人」「中国人の本音」「中国人との付き合い方」とか、そういう類の本がたくさん出ているが、正直言って、それらの本は役に立たない。それらの見方はあくまでも個人的な見解で、「誇張表現」も少なくない。実際に中国では通用するか否か、疑問がある。異文化・異国に対して、あくまでも自分の目で見て、肌で感じるのがベストである。

もちろん、中国人の日本人に対する「誇張表現」も少なくない。日本人を「神格化」することさえある。例えば、長時間渋滞の高速道路でも、日本人は忍耐強く、よく秩序を守るとか…、千人も集合しているのに、その場所に全然音もしないとか…、相手を等身大で見ることも、相手に等身大で見られることも難しい。

もし中国で同じ世論調査をしたら、日本には「親しみ」を感じる中国人が増えていると信じる。なぜなら、実際に自身の目で日本を確かめる人が増えているので。日本の調査で、中国に「親しみを感じない」が、もし過去最高であったとしても、「日中関係の発展が重要」という認識を持つ人は多いはずだ。

お互い、なぜ嫌われるのかを深く考えるのも悪くはない。日本と中国の間を行き来する人たちは、「自分」は、あくまで「自分」であり、自分の信念は、世論調査の数字に左右されるものであってはならないはずである。

（2020年11月）

第１部

「新中国語」とは

1.「新中国語」とは

近年、中国ではネット流行語がおびただしく登場してきました。多くのウェブサイトや組織が、自らの流行語ランキングなどを発表しています。これらの流行語は、辞書や教科書には載っていないません。私はそれらを「新中国語」と名付けました。

「黄文葦の日中楽話」というメルマガを制作していた3年間、私は毎日のようにネットやSNSで新しい流行語を探していました。毎号、「新中国語」を一つ、読者に解説するためです。本書の流行語集は、長い時間をかけて積み上げてきたものです。

日本には中国語を学ぶためのさまざまなネットワークがあり、中国語の流行語を紹介しているところもありますが、その数は多くなさそうです。内容も散在しているようです。私も独自にここ数年の中国の流行言葉を集めてみました。

これらの「新中国語」は正式な中国語ではありませんが、ネットや暮らしの中で日常的によく使われます。「新中国語」は、簡潔さ、ユーモア、遊び心が特徴で、生き生きとしたものが多いです。これらの言葉たちには、激動の時代の大衆の知恵や人生の喜怒哀楽が表れています。

「新中国語」の深い意味を日本語で正確に表現するのは、文化の違いによって難しいかもしれません。なるべく読者に理解しやすいように、易しく適切な日本語を使って表現するように努力をしました。また、意味が似ている日本語の言葉と比較もしました。興味深いことに、「新中国語」の中には、日本のポップカルチャーから生まれたものもあります。これらの言葉を通じて、日本の読者に日本のマスコミの発信とは異なる新しい中国や中国人のイメージが伝わればと願っています。

中国のネット上の流行語は、もちろん100をはるかに超えますが、ここでは私独自の基準で選んでいます。卑猥な言葉、センスのない言葉などは避けました。中国社会の現実を真に反映し、民衆の本音と言語の巧みさを見せる言葉を選ぶようにしました。つまり、なるべく生命力がある生き生きとした言葉たちを解説します。また、よく一緒に使われたり、あるいは似たような意味を持つ2、3の単語を同時に紹介したりしています。

また、「新中国語」がどんどんと誕生しているのは、ネット文化とソーシャルメディアが言語進化に深い影響を与えているからだと思います。以下は、この現象に関するいくつかの特徴です。

①インターネットとソーシャルメディアの普及により、情報はかつてない速度で拡散されるようになりました。これにより、多くのユニークな表現や語彙、フレーズが瞬く間に広まり、流行語になっています。

②創造性とユーモアは、多くの流行語に共通する特徴です。これらの流行語は独自の感性で感情や意見を表現することで共感を呼び、多くのユーザーの関心を集めています。流行語には、表現の面白さや、俗語や皮肉などの興味深い要素が含まれていることもあります。

③流行語の中には、アイデンティティや特定のコミュニティへの帰属意識を示すために使われるものがあります。若者たち

は独自の流行語を使い、他の階層や年代と差別化を図り、自身の社会的アイデンティティを明確にすることがあります。

④インターネットスラングは、地理的または文化的な制約を受けることはありません。これらの言葉やフレーズはしばしば国境を越えて広がり、世界中で共有される表現となることがあります。時には、「新中国語」は世界中に拡散します。

⑤言語は絶えず進化しており、流行語はその変化の一端を示しています。これらは、現代社会の技術や文化の発展を映し出しています。

⑥言語規範に対する挑戦です。ネットの流行語は、時に伝統的な文法やスペルの規則に挑戦します。これが言語の質を低下させる原因になることもありますが、言語はどのような場合でも時代と共に進化していくものです。

要するに、「新中国語」は現代言語進化の典型であり、デジタル時代における情報の迅速な拡散と多様性を映し出しています。伝統的な言語に変化をもたらす可能性があると同時に、新たな文化や社会的ダイナミズムを表現しています。言語は常に変化し続け、社会に適応しており、インターネットスラングはその変化の顕著な例です。

2．流行言葉の「寿命」

かつて、メルマガの読者からこんな質問がありました。「次から次へと新しい言葉が生まれていますが、それらの寿命はどれくらいなのでしょうか？　数年前には大流行したのに、今は廃れてしまった言葉にはどんなものがありますか？」

私のメルマガの「新中国語」コーナーで取り上げる言葉は、主にネット上の流行言葉です。毎年、新しい流行語が生まれてきます。それらの言葉の「寿命」は、大体半年間から1年間ぐらいだと考えられます。つまり、年単位で流行語が変わっているようです。日本語の「死語」のように、忘れられた流行語ももちろんあります。ただし、多くの流行語は、ある程度、時代の歴史文化に刻まれていくと思います。時を経て、何かがきっかけになって、「死語」が復活するかもしれません。

ネット言葉は、21世紀に入ってから続々と誕生しました。当初は、ネットユーザーがオンラインチャットの効率を上げるため、あるいは機知に富んでいたり面白くするために、自作の言葉を使用し、いつの間にか特定のネット言語へと発展していきました。

ネット流行語の中には、何年も前から使われていて、慣用句になったものもあります。例えば、「給力（gei li）」という言葉は、10年前から使われている言葉で、現在でも普通に話されています。「給力」は、「頼りになる」「すごい」「素晴らしい」「頑張ったね！」という意味です。

またもう一つの例として、「正能量（zheng neng liang）」があります。由来はイギリスの心理学者、リチャード・ワイズマン氏の著書のタイトルです。「正能量」とは「プラスエネルギー」という意味の科学用語ですが、人間が前向きに生きていくための事柄や心理などを指しています。

明るいニュース、前向きのエネルギー、励ましの言葉などに接した際、「正能量」をもらったと言います。しかし、「正能量」や「ポジティブなエネルギー」とは何かについては、人によって異なるかもしれません。

「給力」と「正能量」はもともとネット言葉ですが、現在、マスコミでもよく使われているようです。やっぱり、ポジティブな言葉たちは長生きしています。

最も肝心なことは、流行言葉はある意味で時代の印となり、その時代の歴史に刻まれていることです。

3. 日常生活の流行言葉100

1. 土味情話 tu wei qing hua トゥ ウェイ チン ホワ ダサい愛の告白

この「土」はダサいという意味で、「情話」は、むつ言、愛のささやき、男女の語らいを意味する言葉だ。「土味情話」とは、素朴かつユーモアで歯が浮くようなキザなセリフ、大げさな比喩や掛け言葉などを使うのがその特徴だ。

【例文】

男：在別人看來，你最近沒有胖起來，但是在我眼里，胖了。

女：为什么。

男：因为你在我心中分量越来越重了。

男性：他の人は、最近、君が太っていないと思うかもしれない。でも、私にとっては、君は太っているんだ。

女性：どうしてですか？

男性：それは、私の心の中で君がどんどん大切になっているからだよ。

中国語で、「分量」には二つの意味がある。一つは見えるものの物理的な重さ・数を形容する。もう一つは、見えない人に精神的に影響を与える力を持つもの。例えば、話や人の心の中、恋人の「分量」はもちろん重そうである。「土味情話」の例の会話は、うまく二つの意味を表現している。

日本人の感情表現は控えめかもしれない。夏目漱石は「I LOVE YOU 」を「月が綺麗ですね」と訳したという逸話を思い出した。優雅な告白と「土味情話」、あなたはどちらを選ぶのでしょうか。

2. 公知　gong zhi ゴン ジー　公共の知識人

中国のネット用語である「公知」は、「公共知識分子」（Public intellectual）の略称で、「知識分子」は知識人を意味する。2004年、雑誌「南方人物週刊」は「中国に影響を与える公共知識人50人」という特集を掲載し、「専門的な資質を持つ知識人、社会活動家、批判的な精神と社会的責任感を持つ人」50名を選出した。

しかし、現在ではネット上で「公知」は、しばしば皮肉を込めて使われる。体制内にも多くの「公知」が存在し、一部の「公知」は専門的な知識が不足しているにも関わらず、その称号を利用して名声を得たり、影響力を物質的な利益に変えようとする特徴がある。

3. 小粉红　xiao fen hong シャオ フェン ホン　若き愛国者

「小粉紅」とは、一見すると可愛らしい言葉だが、中国では若い愛国者の別称であり、特に女性を指すことが多いとされている。「粉紅」はピンクの意味で、完全な共産主義の「赤」にはまだ染まっていない未熟な若者たちを指し、彼らが将来「赤」に進化するかは未知だ。

1990年代以降に生まれた若者たちの多くは「小粉紅」と見なされ、ネット上で国を讃えたり、中国の言動に反対する国内外の人々を断固として批判する活動を行っている。民族主義者とも言えるだろう。過去には、反政府デモに参加する香港の若者たちを「小粉紅」が非難していたこともある。

改革開放時代に育った中国の若者たちは経済的な豊かさを享受し、「自国中心主義」がますます強まっていく。また、アニメ、コミック、ゲームを好む「小粉紅」も多い。

「小粉紅」の中には、VPN（Virtual Private Network）ツールを使用してFacebookやXにアクセスし、愛国的な発言を繰り返す者もいる。愛国心を前面に出してビジネスを展開する「小粉紅」が増えている一方で、彼らは歴史に関する知識不足を専門家や一般の人々から批判されることもしばしばある。

4. 敲黑板　qiao hei ban チァオ ヘイ バン　黒板を叩く

「敲」は、「叩く」という意味だ。「敲门」は「扉を叩く」こと、「敲黑板」は「黒板を叩く」。中国の学校では、教師が黒板を叩いて「ここが重要です」と強調することがよくある。

現在、「敲黑板」は、強調を表す言葉として使われている。通常、他の情報に続いて、次に述べる内容の重要性を強調するために用いられる。「敲黑板」というフレーズが初めて使われたのは、中国版Xの微博（ウェイボー）の有名人の人気コメント欄だった。注目すべき出来事があるたびに、ネットユーザーはこのフレーズを使って、簡潔な言葉でその意味を要約し、強調する。ネット上では、誰もが「敲黒板」を使い、まるで教師のように重要な部分を強調するのだ。

5. 基友 ji you ジー ユウ ゲイ同士

「基友」という言葉は、ゲイの男性を指す際に使われる。これは広東語で「基」とゲイの発音が似ているためである。ただし、「基友」は公式な中国語ではなく、インターネットスラングに過ぎない。現在では「非常に親しい友人」という意味でも使われ、女性同士や異性間の関係にも適用される。

中国の古典では、同性愛は「竜陽の恋」「分桃」「背山」「断袖」といった言葉で表現される。これらは「基友」という言葉よりもはるかに洗練されていると感じる。

「断袖」の語源は、漢の哀帝（あいてい）が寵愛する男性、董賢（とうけん）と昼寝をしていて、目覚めた際に董賢が帝の袖の下で眠っているのを見て、彼を起こさないようにと袖を切り離して立ち去ったという逸話に由来する。

2009年から始まった中国最大のプライドイベントの上海プライドフェスティバルが、LGBTQコミュニティの認知向上とエンパワーメントに貢献した後、2020年8月13日、無期限での休止を発表した。

この中止が政治的な理由によるものではないかという憶測

が、中国国内で広がっている。報道によれば、中国には約4000万人の同性愛者がおり、そのうち3000万人が男性だ。しかし、中国社会は依然としてゲイの方々に対して寛容ではないようだ。

6. 小鮮肉　xiao xian rou シャオ シエン ロウ　若いイケメン

「鮮」は、日本語の新鮮の「鮮」を指す。「小鮮肉」とは、若い男性を表す言葉で、かっこよく、かわいらしく、セクシーなイメージを持っている。この言葉が流行るきっかけとなったのは、あるイケメン水泳選手が「小鮮肉」と呼ばれたことからだ。多くの女性（特に中高年）は、憧れの若い男性を「小鮮肉」と呼ぶ。女性も堂々と好きな男性に愛を告白する時代が到来した。

「小鮮肉」は、日本では「女子化するかわいい男子」というイメージだろうか。フィギュアスケート選手の羽生結弦(ゆづる)さんは、その代表例だ。羽生さんは熊のぬいぐるみが好きで、いつも純粋な笑顔を見せるかわいらしい美男だ。

時代の変化と共に、男性に対する美的基準も変わってきた。40年前は、高倉健さんが中国の女性にとって理想の男性像だったが、現在は俳優の佐藤健(たける)さんが理想とされているようだ。他にも、志尊淳さん、山田涼介さん、目黒蓮さんなど、若手俳優が「小鮮肉」さんのイメージに合致している。

「ぬいぐるみ男子」「化粧ポーチ男子」「日傘男子」など、男性の可愛らしさを強調する言葉も増えてきた。女子化する男性は、柔らかく平和的な態度で人と接している。現代では、男性が強い存在である必要はなくなってきており、女性と男性が社会的役割や経済的負担を分担することが一般的だ。このように、「小鮮肉」の台頭は、時代の変化を映し出している。

7. 前浪、后浪 qian lang hou lang チエン ラン、ホウ ラン シニア世代、若い世代

「后」とは、日本語で「後」を意味する。「長江後浪推前浪」という中国語の熟語があり、これは長江の後ろの波が前の波を押し進めることを表している。新しいものが古いものを押し出し、後続の人々が先行する人々を超えることを意味する。日本語の「世代交代」というところか。若い世代が年配の世代に取って代わることだ。「前浪」は年老いた世代を、「後浪」は若い世代を象徴している。

しかし、人生百年時代においては、60代や70代から「真の大人」になるという考え方もある。高齢化社会の日本では、高齢者の生き方も豊かになっているだろう。年齢が「前浪」であっても、体力が「後浪」に匹敵する人も多いと思われる。単に年齢によって世代を淘汰できるものでもない。

「年相応」という概念も、時代遅れになっている可能性がある。若さが必ずしも力持ちを意味するわけではない。年を取ることが落伍(らくご)するとは限らず、新しいことを学びたいという意欲が強い高齢者も多くいる。尊敬されるためには、経験と知恵が不可欠だ。世代が異なるからといって、「前浪」「後浪」に分けるのは科学的ではないと思われる。人生の海では、個々人が独自の波となる。「前浪」「後浪」の区別は年齢ではなく、価値観、

知恵、体力によって決められるべきだ。

8. 硬核　ying he インホー　ハードコア

「硬核」という言葉には、クールで、勇敢で、強靭なといった意味がある。これは英語の「hardcore」を直訳した中国のネット言葉で、日本語では「ハードコア」とそのままだ。

中国では当初、ゲームプレイヤーの間で流行し始めたが、徐々にその使用範囲が広がり、意味も進化してきた。例えば、「硬核音楽」とは、より力強く、情熱的なパフォーマンスを行うラップ音楽を指す。また、ある人を「硬核」な人物と表現すると、その人が非常に強力で、タフで、クールな特徴を持っていることを意味する。このような「硬核」な人物は、困難に立ち向かい、勇気を持って、決して妥協せずに挑戦を続ける。

特に記憶に残るのは、中国でコロナの感染が拡大した際、多くの農村地域で外部からの車両の進入や外部者の立ち入りを禁止する厳格な措置が取られたことだ。これらは「硬核措置」と呼ばれた。

9. 饭圈　fan quan ファン チュエン　ファンコミュニティ

「饭(ファン)」はご飯のこと。ネット流行語でファンを指し、ファンのコミュニティを「饭圈」または「饭团」(おにぎり)と呼ぶ。

以前は、スターやバンドを追いかけるファンはアルバムを購入したりコンサートに足を運んだりする程度で、「饭圈」という概念は存在しなかった。しかし近年、ファン層が拡大し、アイドル経済が成長するにつれて、アイドルのアクセサリーや派生商品の購入、広告スペースへの出演、アイドルに関する投票（総選挙）、チャリティーイベントなど、多様な「饭圈」活動が企画されている。これらはファンが自主的に形成したコミュニティから、組織化された専門的なエンターテイメント関連の利益団体へと進化している。

10. 彩虹屁　cai hong pi ツァイ ホン ピー　虹のおなら

「彩虹屁」という表現を直訳すると、「虹のおなら」となる。ファンは自分の好きなアイドルに対して、どんなことでも良く考える傾向があり、たとえおならをしたとしても、それは彩り豊かな虹のように感じるという意味だ。

このように、アイドルのおならを虹にたとえる誇張した表現は、韓国の影響を受けたものだと言われている。かつて日本では、山口百恵さんや松田聖子さん、小泉今日子さんのようなアイドルがトイレに行かない、おならをしないという都市伝説があった。スターを熱心に追いかける大衆文化は、東アジア全域に共通していると思う。

11. 接地气　jie di qi ジェー ディー チー　なじみやすい

「气」は、日本語の「気」のこと。「接地气」という言葉は2012年頃からずっと流行っている。「なじみやすい」「親しみやすい」「大衆に受け入れられる」という意味だ。

中国の儒学の古典である「礼記」の「月令篇」の中に、「地気」が記載されている。「孟春之月、天気下降、地気上騰、天地和同、草木萌動」という。「地气」に接することは、運がいいことだと見なされる。人を「接地气」と評価することは、イコール信頼できること。「接地气」な人は、物事をするに当たってとても堅実である。自己中心的でわがままな言動は「不接地气」という。

【例文】

A．我的领导是非常接地气的人。

（私の上司は非常に優しくて話しやすい人だ）

B．这部电影接地气，真实地反映了老百姓的生活。

（庶民の暮らしが忠実に反映されているので、この映画は親しまれている）

12. 万金油　wan jin you ワン ジン ユウ　万能なオイル

「万金油」という言葉は面白くて、プラスとマイナス両方の意味を持つ。元々「万金油」とは、メンソレータムあるいはオイルのような薬のことで、家庭でよく使われる常備薬だ。肩こり、捻挫、虫刺され、かゆみなど、様々な症状に効果がある。

人を「万金油」と形容する時は、二つの意味がある。一つは、その人がどんな状況でも役に立つことを意味し、何でも一通りこなせる「雑学王」のような人を指す。もう一つは、「何でも屋」としての能力はあるが、それが十分でなく、表面的なコミュニケーションに留まる場合で、この意味では否定的なニュアンスを含む。

【例文】

A. 在朋友眼中，他是个万金油，有困难都可以找他，他都会尽力帮忙解决。
（彼の友人たちにとって、彼は万金油のような存在で、何か困ったことがあった時にはいつも助けてくれる）

B. 在新一轮的人事改革中，许多万金油式的干部被淘汰，而那些精于业务的员工被提拔上來，公司效益很快有了起色。
（人事改革の新ラウンドでは、万金油になっていた幹部の多くが交代し、業務に精通した者が昇進し、会社の効率化が一気に進んだ）

13. 巨婴　ju ying ジュ イン　巨大な赤ちゃん

「婴」は、日本語で「嬰」と書かれ、「巨大な赤ちゃん」という意味で使われる。これは、体格の大きな赤ちゃんを指す場合もあれば、わがままで子供っぽい大人を風刺する際にも用いられる。

赤ちゃんのように自己中心的で、規則を守る意識が欠如しており、自立心や道徳観も低い。予期せぬ状況に直面すると、感情を制御できず、過剰かつ非合理的な行動を取りがちで、社会に悪影響を及ぼすことがある。

『巨嬰国』という本が、2016年12月に浙江省人民出版社から出版された。著者は著名な心理学者の武志紅（ぶしこう）氏で、中国社会における「巨嬰化現象」について分析している。しかし、この本はすでに検閲機関によって「法律、規制、または政策に違反する」と判断され、禁書となってしまった。

14.「996」「007」 勤務時間を示す数字

数字に見えるが、「996」と「007」は実は勤務体系を指す。996体系とは、午前9時から勤務を開始し、午後9時に終了し、昼と夕方に1時間（またはそれ以下）の休憩を取りながら、週6日間、合計10時間以上働くことを意味し、中国のハイテク業界で広がる残業文化の象徴だ。

中国の「労働法」の規定では、労働者は1日8時間、週平均44時間を超えて働くことはできないが、996体系では72時間働くことになるため、明らかに「労働法」に違反する。

2019年4月、中国のネット通販最大手「アリババ集団」の創業者ジャック・マー氏は、996勤務体系について「一生懸命働けば報われる」と述べ、これを支持する立場を表明した。しかし、「仕事を愛していなければ、すべての時間が拷問になる」とも付け加えたことで、社会的に大きな反響を呼んだ。

最も過酷な勤務体系は「007」で、年中無休で24時間体制、週7日勤務を意味する。007体系が「24時間連続労働」とは必ずしも言えないものの、「従業員の全ての時間を雇用主が支配する」という状況を示す。夜中に上司から電話がかかってくることも珍しくない。

日本は働き過ぎのイメージが根強いが、現在は中国でも長時間労働が常態化している。「996」と「007」の勤務体系は批判されているが、実際には多くの低収入の若者が、高収入をもたらす企業に憧れて就職したものの、手が届かないと慨嘆しているようだ。996体系の企業では平均給与が15000元（2024年7月現在約33万円）で、非996企業よりも少なくとも25%ぐらい高い賃金が支払われているとされる。

15. 打工人、搬砖 da gong ren、ban zhuan ダ ゴン レン、バン ズアン 労働者、単純労働

「打工人」とは、労働者を指す言葉だ。「打工」は「雇われて働く」という意味で、この言葉は香港で初めて使われた。ポジティブでもネガティブでもない中立的な表現だ。

「打工人」は、1980年代の改革開放時代に中国南部に広がり、特に経済発展の著しい広東省で人気を集めた。「南下ブーム」（北の人が南へ）により、農村から労働者が大都市へ移動し、「打工」という言葉が全国に広まった。

「打工人」は、一時的で代替可能な労働力として、いつでも解雇される可能性がある。そして、「打工」に関連する多くの新しい言葉が生まれた。「打工仔」(男性の若い労働者)、「打工妹」(女性の若い労働者)、「打工皇帝」(エリート階級の労働者)などだ。現在では、「打工人」という言葉は、性別、場所、年齢に関係なく、目的意識を持った労働者を象徴する言葉として使われている。

「打工人」に似た他の流行語もある。例えば、「社畜」という日本からの言葉や、「搬砖」という表現がある。「砖」はレンガやブロックのことで、「搬砖」はもともと「レンガを運ぶ」という意味だが、建設現場で肉体労働すること。しかし、現在ではオフィスでの単調な仕事を指して「搬砖」と表現され、サラリーマンの自嘲的な言葉となっている。

「打工人」と「搬砖」はよく並んで使われる言葉だ。

16. 忽悠 hu you フー ユウ 法螺を吹く、騙す

「忽悠」とは、本来、物体がゆらゆらするという意味。例えば、木の葉がひらひらする、船が海の上を漂流する、心はゆらゆらと動いたなどだ。現在、この言葉は物体を形容するのではなく、人間がでたらめを言う、法螺を吹く、騙すなどを意味する。「忽悠」は、中国の社会状況を的確に表した言葉だといっても過言ではない。

中国・東北部の地方芸能である「二人転(アーレンジュアン)」と「小品(しょうひん)(小演劇)」の俳優の趙本山(ちょうほんざん)氏は、中国で彼を知らない人がほとんどいない

ほど有名だ。趙本山氏がある「小品」の中で、「忽悠」という言葉を使用している。

「我能把正的忽悠斜了，能把蔫的忽悠活了，小两口過的挺好，我給他忽悠分別了……」というセリフがあった。「正解を誤魔化すことができる。枯れたやつを生き生きさせる。仲のいい夫婦を別れさせられる」ということで、ユーモアで「忽悠」の力を見せた。

そして、「忽悠」という言葉はあっという間に中国で流行し、詐欺、自慢話、説得、からかい、悪戯、噂、ごまかし、冗談などの意味を幅広く「忽悠」の範疇に収めた。元々は否定的な意味を持つ用語が「忽悠」の傘下に収まった後、それらの中性的な表現として認識されるようになった。「忽悠」という言葉は、中国社会の混沌とした価値観を表現しているのかもしれない。

17. 凡尔赛文学　　ベルサイユ文学

fan er sai wen xue

ファン アー サイ ウェン シュー

「凡尔赛文学」は、ベルサイユ（フランスの宮殿）文学である。「凡尔赛文学」とは、現在、一部の中国のお金持ちのライフスタイルだ。主に物質的に贅沢な生活を誇示するという社会現象だ。「凡尔赛文学」は、2020年からネット上で注目を集めていた。

この新語の発案者は、有名なブロガー「小乃球（しょうないきゅう）」さんだ。18世紀末のベルサイユ宮殿の貴族を描いた日本の漫画「ベルサイユのばら」からインスピレーションを得たという。ネット上で巧みに自分の富を誇示することを「凡尔赛文学」と呼ぶ。このような人たちは「凡尔赛人」「凡尔赛貴族」などと揶揄されてもいる。ある有名なテレビ番組司会者は、「凡尔赛文学」について、「最もつつましい言葉で、最も派手に自慢すること」と総括した。

「凡尔赛人」は、誇張する手法で富を誇示する。例えば、高級店の写真をSNS上に示したり、人気アプリWeChatのモーメンツに高級レストランの食事を誇示したり…。そして、買ったブランド品のバッグを見せながら不満そうに「大きすぎる」などと文句を付ける。

高級車を買って、「色がよくない。後悔した。これからもう一台買おう」とわざわざ新車の欠点を言う。「夫が買ってくれたランボルギーニって色がダサいわ。ホントにセンスが悪い」というように、何気なく裕福さを匂わせるのが「凡尔赛文学」だ。要するに、間接的に優越感を庶民に示している。

意外にも、「凡尔赛人」は一般的に高学歴で、海外留学経験者が多く、「演ずる」方法を熟知している。一見、自虐的な言葉を使って謙遜しているようだが、自分の優越感を満たすことを好む。

現在、多くの人々がユーモラスなスタイルで「凡尔赛文学」を真似しており、笑い話となる。「凡尔赛文学」は、中国の富裕層特有の態度と見なされている。物質的に豊かな人々が精神的な充実をどのように達成するかは、社会的な課題かもしれない。

18. 朋克养生 peng ke yang sheng ペン ケー ヤン ション 過労状態のライフスタイル

「养」は、日本語の「養」。「朋克养生」とは、中国の若者の過労状態のライフスタイルを指す。「朋克」とは、本来パンクロックというロック音楽のこと。

毎日夜中まで一生懸命仕事をこなしている。目の下にくまが出るほど無理しているのに、それを隠すために高級な化粧品を使う。過労死にならないように祈りながら、毎晩夜更かし。つまり、矛盾だらけの生き方だ。

「朋克养生」の例を挙げると、「目元クリームをぬりながら徹夜で仕事をする」「辛すぎて泣いた後は塩水を一杯飲む」「残業の後、好きな物を食べ過ぎたので、消化薬を飲む」…。多くの専門家が、この種の「養生」は完全に誤りであり、中には致命的な養生法も存在すると指摘している。

19. 奥利给 ao li gei アオ リ ゲイ 頑張れ、やるじゃん

「给」は、日本語の「給」のこと。一見「奥利给」という言葉は理解しにくいだろう。実は「奥利给」⇒「给利奥」＝「给力哦」というふうに進化した。「给力」は、「すごい／すばらしい／頑張れ」の意味である。

2020年から、中国のネット上で、「奥利给」はよく「加油（ジャヨウ）」と一緒に使われるようになった。「加油」は「頑張れ」で、多くの日本人も知っていると思う。「奥利给」は「加油」と似て

いる意味合いで、自分に気合を入れる時、他人への励ましや褒める時、また喜びを発する時などに使う。
「奥利给」は、若者たちがネット上で共有する動画で頻繁に使用されることから流行語となった。「加油」という表現はやや古くなり、気合いを示すには不十分とされている。そのため、「奥利给」が加わることで、よりおしゃれな印象を与えている。

【例文】

A．无论我们遇到什么困难都不要怕，微笑面对，坚持就是胜利，加油！奥利给！
（どんな困難に遭遇しても、笑顔で立ち向かうことを恐れず、粘り強さが勝利となります。頑張れ、奥利給！）

B．工作终于完成了，奥利给！
（ついに仕事が終わったぞ、奥利給！）

20. 内巻　nei juan　ネイ ジュアン　内輪もめ

「内巻」という言葉は、近年、中国のネット上で大流行しており、特定の分野あるいはコミュニティで過剰な競争が起こり、人々が内紛状態に陥ることを指す。エネルギーロス、力の浪費という意味合いもある。閉じられたコミュニティの中での、進歩の余地がなく、内輪もめ・内部衝突・無意味な競争をしていることである。一文字で「巻」と言う場合も多い。
「内巻」はアメリカの文化人類学者であるクリフォード・ギ

アツ（Clifford Geertz）の著書『インボリューション（Involution）――内に向かう発展』（NTT出版、2001年）に由来する。中国語版はインボリューションを「内卷化」と訳す。

2020年はコロナで、世の中は悩み多き年だった。「内巻」という言葉がなぜ突然流行ったのだろうか？　新しい価値を生み出すことなく、皆がどうにかして内部のリソースを確保しようとしていた。「内巻」は変革（Revolution）の対極にあり、変革ができない時代の重苦しい雰囲気、どんなに努力しても避けられない無力感、そして人々が抱えるジレンマを暗示している。

若者の間での「内巻情緒」の増加は、努力の方向性や自分たちの将来について迷い込む思いもある。競争が激しくなり、努力をしても報われない。仕事をするいきがいがなくなって、日々の仕事は怠惰な状態に陥いるのだ。

21. 逆行者　ni xing zhe ニー シン ジェー　逆行する人

「逆行者」とは、困難に直面したときに、人びとの流れとは逆の方向に進む人を指す。2020年、武漢が新型コロナ感染拡大に襲われていた中、政府の決断で中国全土の病院から医師や看護師が武漢に応援に駆けつけた。彼らは「最も美しい逆行者」と呼ばれた。

感染症と戦う医療従事者だけでなく、火事と戦う消防士、洪水と戦う軍隊、震災と戦うボランティアなど、危険時に救援に駆け付ける勇敢な人を中国のマスコミと宣伝機関が「逆行者」と称える。

22. 双循环　Shuang xun huan　シュアン シュン ファン　国内と国際の2つの循環

「循环」は、「循環」のこと。2020年5月、中国のリーダー習近平国家主席は「国内大循環を主体として、国内外の双循環が互いに経済を促進する新発展モデルを目指す」と表明した。そして「双循环」は、中国の政治・経済分野において重要なキーワードになっている。国内と国際、両方の経済活性化が順調に流れ回ることを目指す。

「双循環戦略」は「一帯一路（いったいいちろ）」とセットになって、中国外交の方向性を示している。中国政府としては、国内循環を主軸とし、国内循環と国際循環を相互に推進する新たな発展パターンの構築を加速させている。国ごとに事情は異なるが、「双循環戦略」は日本にも参考になるかもしれない。

23. 地摊经济　di tan jing ji　ディー タン ジン ジー　屋台経済

「经济」は、日本語の「経済」のこと。「地摊经济」とは、屋台や露店を出し「露天経営」をすること。「屋台経済」とも言える。

2020年、コロナのせいで、中国経済も大きな打撃を受けたが、下半期になって経済は急速に回復してきたとみられる。そんな中、地攤経済が功を奏したとも言える。2020年5月27日、中国の精神文明建設指導委員会は、2020年の全国文明都市評価指数に屋台や露店が含まれないことを明らかにした。6月1日、李克強（リコッキョウ）総理（2023年10月27日死去）は山東省煙台市を訪問した際に、「路上屋台や小商いの経済は重要な雇用の源泉であり、庶民の頼りで、中国の生命力です」と発表した。

それで、2020年に最もコロナ感染拡大の影響を受けた湖北省では、夜市の「屋台経済」を自由化し、宜昌(ぎしょう)市が消費の活性化を図ってきた。そして、鄭州、長沙、西安、大連、青島など中国のほかの都市が続々と屋台経済に突入していく。

中国の「屋台経済」は、東京の巣鴨地蔵通り商店街を想起させる。日本一元気で、日本の商店街の模範と言える。昔懐かしい下町の雰囲気を漂わせ、雑貨や伝統工芸品など色々な店が並んでいる。

さらに、毎月4のつく日（4、14、24）は縁日で、商店街にはたくさんの露店が出る。今やおばあちゃんの街だけではなく、若者も訪れ、老若関係なく皆が楽しめる。美味しいアイスクリーム、メロンパン、ドリンクの店も多い。中国と日本の例を見れば、経済を回復するには、「地攤経済」は一つの支えとなるかもしれない。

24. 中二病 zhong er bing ジョン アー ビン 中二病

「中二」とは、中学二年生を指す。「中二病」は、思春期特有の自己中心的な思考や行動、価値観を意味する言葉だ。現在、「中二病」という用語は、自意識過剰で傲慢な態度を取る人、他人に理解されていないと不満を持つ人、特に「独特な価値観と未熟な考えが混在している」とされる大人を指すことが多い。

「中二病」は、日本から輸入された言葉だ。1990年代末にラジオ番組「伊集院光のUPS深夜の馬鹿力」で生まれた造語という説がある。1999年1月11日放送の同番組内で、パーソナリティの伊集院光が「自分はまだ中二病に罹患している」と発言した。近年、「中二病」が中国に流れ込み、流行語になっている。ネット上、「中二病」の発言例は以下のようなもの。

【例文】

A．我没有错，错的是这个世界。
（私は間違っていない、間違っているのは世界の方だ）

B．我不喜欢跟人说话，觉得这样会影响自己的高贵身份。
（人と話すのが好きではないし、それが自分の高貴な地位を損なうと考えている）

C．小時候我以为自己長大后可以拯救整个世界，长大后才发现整个世界都拯救不了我。
（子供の頃は大人になったら世界を救えると思っていたが、大人になったら世界全体が自分を救えないことに気がついた）

オンラインの発達で、「中二病」を自称する人が増えているように思う。彼らは非常に個性的で、幼稚な考えを抜きにすれば、実に興味深いアイデアを持っていることが多いのではないか。

25. 红包　hong bao ホン バオ　ご祝儀

中国語の「红」は、赤である。「红包」とは、祝い事の時に人に与えるご祝儀。伝統的な「红包」は、旧正月に年長者が子どもたちに贈る赤い紙に包まれた「お年玉」だ。

現在では、一般的に赤い紙の封筒にお金を包んだものを指し、「お年玉」だけではなく、お祝い事の贈り物として使われている。不思議だが、賄賂のことも指す。会社経営者が従業員に支給する特別賞与も「红包」という。

近年、中国では、「電子紅包」が盛んであり、一種のビジネスモデルになっている。旧正月に、人々が餃子を食べながら、携帯電話をいじって、「電子紅包」を受け取るのに熱中する。

アリペイ、ウィーチャット（WeChat）、QQ、百度（Baidu）など大手ネット関連企業が、旧正月に携帯電話を通して利用者に向けて「電子红包」を送り続けている。その金額は、6億元以上だと言われる。勿論、その中には、各種商品クーポンなど「紅包」の形式もさまざまだ。また、ウィーチャット（WeChat）では、友達同士が気軽に「電子红包」を送り合うことも多いという。

2021年の旧正月、コロナ情勢が厳しい中、「红包」はまた別の意味合いを持つようになる。政府も企業も、従業員が旧正月に帰省しないよう推奨していた。帰省しない従業員には「红包」という補助金を支給する政策が出たのだ。例えば、浙江省台州市では、企業が従業員、特に旧正月に台州に滞在する従業員に「红包」を与えた。一人あたり380元と280元の2つのグレードである。従業員に数千元の「红包」を支給する企業もあった。

26. 无接触配送 wu jie chu pei song ウー ジェー チュー ペイ ソン 置き配

「无接触配送」とは、配達員が大型宅配ボックスや郵便局、集配所、会社の受付など、ユーザーが指定した場所に商品を配達する。受取人との直接の接触を避ける配送方法を指す。

2020年の旧正月の期間中、コロナ対策として、中国の「美団外買（テイクアウト会社）」は1月26日に非接触配達サービスをいち早く開始した。また、大型宅配ボックスや非接触型配送アプリ、無人配送ロボットなども導入され、新しいビジネスの機会を生み出した。

そういえば、日本でも、近年「置き配」が広く使用されるようになった。「置き配」とは、利用者が指定する場所（玄関前、置き配バッグ、宅配ボックス、車庫、物置など）に非対面で荷物などを届けるサービスだ。

宅配サービス会社は、メールに荷物が置かれている自宅の玄関の写真を送ってくれる。家にいなくても荷物を届けてくれることは便利だが、それは時代の進化か退化か、分からなくなった。宅配便の配達員から荷物を受け取って、サインして、「どうもありがとう」と言うのは普通のことだった。今、この一言を言う機会もなくなった。時には、対面で渡さなくてはならないものを配達員が渡した後、すぐ逃げるように去った…。

以前、知り合いの80代のおばあさんが心温まる話をしてくれたことがある。宅配便の配達員が荷物を届けに来ると、彼女はいつもお茶とお菓子を用意していた。その理由は、「家に来る人はみんな客人だ」という考えからだった。非接触配達サービスは、高齢者にとっては寂しいものだろう。対面配達は、お年寄りには一種の「安否確認」であるかもしれない。

27. 直播带货 zhi bo dai huo ジー ボー ダイ ホゥオ ライブコマース

「直播」とは、生中継という意味だ。「貨」は商品、品物のこと。「直播帯货」とは、ネットあるいはテレビ番組でのライブ配信や生中継で、商品を紹介・販売すること。観衆はライブ配信あるいは生中継を見ながら紹介される気に入った商品を注文する。

「直播带货」の主体は、ネット有名人やインフルエンサーであり、「网红」(ワンホン) ともいう。「网」は「網」で、ネットを指す。この「紅」は色の意味ではなく、人気が高くときめく様子を示すものだ。

現在、中国の「网红」は主にネット上の消費者発信型メディア、すなわちインフルエンサーだ。彼らは商品を宣伝する役割を担い、企業によって利用されることも多い。消費者に大きな影響を及ぼす。主に動画を通じて自身の経験や体験をもとに商品を推奨し、ネット上で多数のフォロワーを集め、名声と影響力をどんどん拡大していく。

2020年、コロナ感染が拡大して以来、「直播带货」はますます人気が高まってきた。コロナ時代には、「オタク経済」が大流行し、中国での「ライブ配信革命」に拍車をかけている。普通のネットユーザーから実業家の大物まで、有名人の「ネチズン」から貧乏県の行政トップまで、皆がライブ配信を行っている。香港の若者の中には、大陸に行って「直播帯货」をしている人も少なくない。

「生放送＋Eコマース」のビジネスモデルが経済に与える影響はどれほどか？　具体的な統計はまだ存在しないが、インフルエンサーの年間売上は数億から数百億人民元に達することがある。「直播帯货」を見て、日本のテレビショッピングを思い出す。ジャパネットたかたの社長がテレビで商品を魅力的に紹介する姿が印象的だ。生中継で商品を紹介すれば、さらに大きな効果が期待できるかもしれない。

28．神兽　shen shou シェン ショウ　神獣（わが子）

「兽」は、日本語の「獣」のこと。もともと神獣とは、古代中国の民間神話の動物を指すのだが、2020年前半、中国ではコロナの影響で全国の小中学校の開校が延期され、子どもたちは家庭でオンライン授業を受けるようになった。知能も優れ、可愛い子たちだが、お茶目でやんちゃな子が多く、常軌を逸したことがたまに起きる。「神獣」とは、コロナの流行中に家でオンライン授業を受ける子供たちを指す言葉となった。「神兽」について、日本語と中国の意味は大体同じで、神霊を宿す獣、霊妙な力を持つ特別な獣という。

コロナの時期、子供たちは自宅で学校の指導や監督なしに勉強を続け、親はまるで「野獣」と闘うかのように子供たちに付き合わなければならない。親は疲れ切っており、コロナが収束し、学校が早く再開して「神獣」の子供たちが再び学校に戻ることを切望する。

親が自分の子供を「神兽」と呼ぶことは、実は子供を溺愛していることを示す。普段なら、夜に子供の宿題を見てあげるだけでいいのに、今は子供が一日中家で勉強していて、親が一日中付き添うために、疲れてしまうのも仕方ない。我が子を「神兽」と呼ぶことは、無力感と誇りの両方を持つ親の気持ちの反映だそうだ。中国では、現在でも一人っ子の家庭が圧倒的に多い。子供は相変わらず「小皇帝」であるらしい。

29. 信息茧房 xin xi jian fang シン シー ジエン ファン 閉塞的な情報空間

「信息」は、情報のこと。「茧」はカイコ。中国語の熟語「作茧自缚」に由来する。カイコは糸を吐き出し、繭（まゆ）を作り自分をくるむ。自縄自縛に陥る、自業自得という意味合いがある。

「情報茧房」とは、自分が好む情報のみを選択することによって形成される主観的な空間だ。この空間により、自分だけの情報の「繭」を作り出し、そこに閉じこもることになる。情報技術が進化し、あらゆる分野の知識が手に入るようになったのに、現実から離れ、独りぼっちになる人が出てくる可能性がある。

情報過剰の時代では、コミュニティ間では、情報不足の時代と比べても必ずしもスムーズで効果的になるとは限らない。長期間「情報茧房」に閉じこもって生活すると、盲目的な自信や心の狭さといった心理になりがちで、自分の偏見を真実と見なし、他者の合理的な見解を拒絶する傾向にあり、極端な思考に発展することもある。

このような極端な思考は、物事を見る際の感情表現に反映され、個人的な要求が満たされない時や物事が思い通りに進まない時には、殺人や自殺といった極端な行動に繋がる可能性がある。また、ひきこもりと「情報萤房」も関連していると考えられる。

30．我太难了 wo tai nan le ウォ タイ ナン レ　つらい、しんどい

「难」は、日本語の「難」。「我太难了」は、文字通りに訳すと、「私はとても辛い」ということ。「难」は広義の意味としては「つらい」という感じになる。でも、ここでは心の底からのつらい状態ではなく、軽く悩むことも「我太难了」で表現する。また、ネット上では难と同じ発音の「南」を使い、「我太南了」というふうに表記されることもある。

ある有名なネットチャンネルの司会者が、番組でよく「我太难了，最近我压力很大」（辛すぎて最近ストレスが溜まっている）と口癖のように言っていた。この発言は多くの人の心の声を代弁するように、ネット上に大きなインパクトを与えた。そして、同感する人が広がって、皆が使うようになった。辛いこと、困ることがあると、すぐ「我太难了」と言い出す。

【例文】

A．我太难了，早晨五点半就起床六点就出门上班了。
（朝5時半に起きて6時に出勤するのはとても辛いです）

B．一个人，晚饭不知道吃什么，我太难了。
（一人でいるのはつらいし、夕飯に何を食べたらいいのかわからないし…）

C．父母老是催我結婚，我太难了。
（親に結婚を迫られてばかりで、私には辛すぎる）

31．人生赢家 ren sheng ying jia レン シェン イン ジャ 人生の勝者

「赢」は、勝つ、勝利のこと。「人生赢家」を簡単に言えば、勝ち組、人生の勝者であり、金銭面、家庭面、仕事面などすべてが完璧で、幸福感や充実感の頂点に達した人生の強者を意味する。しかし、そもそもどのような人が「人生赢家」と言えるのか、その基準はない。お金持ちの人は「人生赢家」と言われやすい。憧れの人、羨ましく思う人を「人生赢家」と呼ぶ。

人間にはそれぞれの生き方があり、「人生赢家」という観点から人間性を語るならば、まず寛容さを理解している人が挙げられるだろう。寛容な心を持つことで、スムーズに物事を進め、他人からの感謝も得られるようになる。

次に、我慢ができる人は、他人だけでなく自分自身をも許すことができ、周りと争いのない関係を築くことが可能だ。名声や富に執着しない人は、より快適な人生を送ることができるだ

ろう。また、明るい人は、どんなことに遭遇しても、前向きで楽観的な姿勢で向き合い、人生の損得に対しても平穏な心の状態で接することができる。損得があろうがなかろうが、傲慢にならず、焦らず、失われたものと得たものの先に目を向けて、周りの人々に溶け込み、理解し、楽しむことができるようになる。

さらに、「人生赢家」は、生活を楽しむ方法を知っている人のことだ。ただお金を稼ぐ方法を知っているだけで、人生の楽しみを深く追求していなければ、それは勝者ではなく、単なる機械に過ぎない。人生の喜びを実感するためには、楽しみ方を学ぶことが大切だ。人生を楽しむことで、無駄な時間はなくなる。「人生赢家」は流行語となっているが、その反対の「負け組」のような言葉は中国語には存在しないようだ。

32. 飒 sa サ 女性の爽やかなスタイル

「飒」という言葉は、もともとは風の音を表すために使われる。今は、かっこよくて爽やかなスタイルのことを指していて、女性に対して使われることがほとんどだ。「飒爽(さっそう)」という言葉もよく使われている。

「飒」の流行りの由来は、2020年、コロナ感染拡大の時期だ。中国では、医療現場で女性は大きな役割を果たしている。統計によると、新型コロナ感染の最前線で働く医師の約50％、看護師の90％以上が女性だったという。「飒」という言葉は、女性への最高の賛辞だと言われる。「飒」「真飒(とてもかっこいい)」

「又飒又美（かっこよくてきれい）」は、あらゆる分野の女性を褒める常套句となっており、ネット上で「飒」が広く拡散されている。

因みに、今の中国では、3月8日の「国際女性デー」はまるでバレンタインデーのようになり、多くの若者がこの日を祝う。3月8日は、「飒」という言葉が大活躍の日だ。

33. 退休预备员 tui xiu yu bei yuan トゥイ シウ ユー ベイ ユアン 定年予備軍

「退休」とは、定年退職の意味だ。「退休预备员」とは、早期退職して退職金を受け取り、人生を楽しむことを待ちきれない若者のことを指す。これは、現在の中国に広く存在する若者の集団で、まだ若いうちに退職して、穏やかな老後生活を送ることを空想していることが多い。

例えば、毎日、お茶を飲んだり、鳥と遊んだり、公園を散歩したりしている…。彼らは派手なことは求めておらず、静かに暮らしたいだけだ。せっかちではなく、成熟した堅実な人物にあこがれる。

中国経済が急速に発展する中、多くの若者が一生懸命に働いている。長時間労働を強いられる。「退休预备员」は若者の自嘲の言葉だ。以前、中国の若者は日本の若者よりもモチベーションが高く、起業してお金を稼ぐことに夢中だというイメージがあった。しかし、今の中国の若者は、日本の若者に似ているような気がする。草食系男子が増加している。

日本の作家村田紗耶香さんの『変容』という短篇小説を思い

出した。小説の中で、こんな感情を表現している。人間には「喜怒哀楽」の感情がある。しかし、今の若者には「怒り」がなくなった。いつも淡々とした態度で人と接している。

日本の若い人たちは、礼儀作法をしっかり守っているが、情熱や創造性を失ったようにも見える。一部の中国の若者も、このように変容しているようだ。

34. 短信小小説 duan xin xiao xiao shuo ドゥアン シン シャオ シャオ シュオ SMS小説

「短信」とは、携帯電話のメッセージであり、「短信小小説」は携帯電話のテキストメッセージ（SMS）の形で書かれ、送信される、携帯電話マイクロフィクションの別名。そのため、「ケータイ小説」「1秒小説」「一服小説」「SMS小説」とも呼ばれている。

SMS小説は、携帯依存の生活と文化的消費の産物であり、意外にも「短信小小説」の経済効果は大きそうだ。一つ例をあげよう。数年前、広東省文学院の契約作家である千夫長が執筆した携帯電話用連載小説『場外』が中国で一斉に発売された。

4200字の小説が18万元（2024年7月現在の日本円で約40万円）の原稿料。4200文字の小説を70文字ずつ60通のテキストメッセージに分けて、1日1通購読すると2カ月で読めるという。SMS1通あたり0.2元として計算すると、60通で12元になる。関連統計によると、中国の携帯電話ユーザーは2億6,000万人であり、そのうち1％のユーザーが小説を購読したと仮定すると、収益は3120万元に達する。「短信小小説」の運営企業は、ネットを通じて、大衆文学と携帯電話を組み合わせた「モバイル文学」で、新しい文学のあり方を試してみたいそうだ。

35. 连麦 lian mai リェン マイ マイクをつなげる

「连」は、日本語の「連」。中国語でマイクは、「麦克風（マイクロフォン）」だ。文字通りの意味で、「连麦」とはマイクをつなげること。「连麦」は、同じ場所にいない2人が声を合わせて歌ったり、話したりすることだ。これは通常、一部のウェブキャスターがライブルームやスタジオなどで使用している手法で、「连麦」のおかげで、視聴者とキャスターが直接会話できるようになっている。

オンライン「连麦」は、さまざまなことができる。ゲームをしたり、宿題をしたり、映画を見たりすることに加えて、寝ていても「连麦」することも、都市部の一部の若者にとっては日常的に必要なことになっている。「连麦」は一人暮らしの男女の心の拠り所となっている。「连麦」のおかげで、「ネットで寝る」ことも流行っているという。自分の寝息を親しい人に聞かせたり、大切な人の寝息を聞いて自分も眠りにつく。他人から見れば、不思議で間抜けなことだろう。

36. 冻龄 dong ling ドン リン 年を凍らせる、美魔女

「冻龄」とは、年齢が凍結してしまったかのように、見た目

の年齢がいつまでも変わらず、若々しいという意味で使われる。「凍齢美女」という言葉もよく使われる。日本の「美魔女」に相当する言葉だ。

「冻龄」という言葉は、美と健康への意識が高まる現代女性のライフスタイルを反映している。多くの芸能人が「冻龄」の代表人物だと言える。日本の「冻龄美女」と言えば、私は女優の黒木瞳さんと小泉今日子さんの名前を挙げたい。「冻龄」とは見た目の若さだけでなく、心も晴れやかに保つことだ。

健康で若々しい生活は、多くの女性が望むことだろう。若さを維持するためには、バランスの取れた食事が重要だ。体に悪い食べ物は避け、新鮮な果物や野菜、老化防止に効果的な健康食品を積極的に摂るべきだ。また、若さには外見だけでなく、前向きで楽観的な思考も含まれる。「冻龄」のためには、年を重ねるごとに様々な価値観を受け入れ、若い世代の活動に積極的に参加することで、心と考え方を若々しく保つことが大切だろう。

37. 酒后代驾　jiu hou dai jia　ジウ ホウ ダイ ジャ　運転代行

「酒后代驾」とは、お酒を飲んで運転をしてはいけない人に提供する運転代行サービスだ。「驾驶」は運転のことで、飲酒後の運転である。略して「酒駕」という。中国では自家用車の増加に伴い、飲酒と交通安全をいかに両立させるかが喫緊の課題となっている。

「酒后代驾」は、新興の職業として注目されている。運転代行サービスは、お酒を飲む人に安全な運転の選択肢を提供するとともに、国の交通安全法の実施を実行するものだとみられる。

2004年に導入された「新道路交通安全法」では、酒気帯び運転の最高罰則が15日の拘留、4カ月の運転免許停止、2000元の罰金に引き上げられた。これが3回続くと、運転免許が取り消され、罰則として「5年間の運転禁止」が課せられることになる。

中国の交通事故による死者数は毎年約11万人に達し、年平均10％の割合で増加している。飲酒運転、特に酒気帯び運転は、交通事故の主な原因となっている。運転代行サービスはある程度、飲酒運転による交通事故の可能性を減らすことができるので必要だ。

2004年初頭、北京初の「酒后代驾」に特化した会社が誕生した。商工局には「酒后代驾」の職業分類がないため、その会社は事業免許の申請時には別の業界に属された。現在は、全国各地に専門的な「酒后代驾」会社がたくさん存在している。携帯のアプリで「酒后代驾」を便利に利用できる。

地域によって、運転代行サービスの料金が異なるが、基本的には最初の2時間で100元（約2100円）、2時間以降は30分ごとに20元が加算される。23時以降は、50元となる。

「感情深一口闷。感情浅舔一舔」、このことわざは、中国の「酒社会文化」を非常に生々しく表現している。「友情が深いなら一気に飲もう。友情が浅いならなめる程度でいい」。社交のため、仕事のために、お酒を飲まなければならない場合が多い。

日本の場合は、サラリーマンはだいたい電車・地下鉄・タクシーなど公共交通機関を利用している。「酒后代驾」はあまりないだろう。以前から終電に酔っぱらいはたくさんいたが、今、コロナが終わって、終電の後も街を徘徊する人が増えているという。

38. 光盘行动 guang pan xing dong グアン パン シン ドン 食べ残しゼロ運動

「盘」とは、お皿のこと。丸くて浅いお皿を意味する。名詞としての「光盘」は、CD-ROMのこと。これは動詞の「光盤」で、お皿の食べ物を残さずに食べきること。「光盘行动」とは、食べ物を大切にし、無駄遣いに反対し、節約を提唱する作戦だ。

「光盘行动」は中国政府の指針だ。2020年8月、国のリーダーは、飲食物の浪費を断固として阻止し、節約の習慣を効果的に育成し、社会全体に「浪費は恥、節約は誇り」という雰囲気を醸成することの重要性を強調する訓示を行った。

2020年12月4日、「光盘行动」が、中国の国家言語資源観測研究センターにより、2020年のネット流行語に選ばれた。

調査結果によると、中国人は、年間800万トンの食品タンパク質と300万トンの食品脂肪を廃棄しており、少なくとも約2億人の1年分の食料を捨てていることになる。中国政府が毎年、接待に費やす金額は膨大で深刻だ。公費での飲食が蔓延しており、深刻であるため、膨大な浪費が発生している。

従来、中国人のおもてなしは日本とは異なり、お客様が食べきれないほどたくさんの料理を注文し、たくさん残すことが誠意を示すことだった。中国人観光客が日本に来ると、いつも日本料理の量が相対的に少ないと感じるという。中国政府が「光盘行动」を推進するのは、食料の節約に加えて、むしろ汚職撲滅に関連している。腐敗の最も一般的な形態が、飲食のために公費を不当に使用することだ。

39. 红色旅游 hong se lu you ホンセルユウ　レッドツーリズム

「红色」は赤い色。中国では「红色旅游」は、2004年末に正式に導入されたもので、中国共産党の歴史に関するモニュメントを観光資源として、様々な革命の聖地が含まれている。中国国家観光局には「红色旅游」の専門グループがあり、この分野を担当している。

政府の立場から「红色旅游」を開発する目的は、「革命的な伝統に関する教育を強化し、国民、特に若者の愛国心を高め、民族精神を継承・育成し、旧革命聖地を経済・社会の協調的発展を推進する」ということだ。因みに、昔の革命聖地は経済発展が遅れているところが多い。「红色旅游」によって、経済を活性化させる狙いもある。紅色観光資源を持つ旧革命地域の歴史・文化資源の優位性を経済的優位性に転換する。

2016年に、国家発展改革委員会が全国の「红色旅游」の観光スポットリストを作り、次の5年間の「紅色旅游」の開発焦点として、300の全国の「红色旅游」勝地を発表した。

2021年は、中国共産党の創立100周年。「红色旅游」のニーズが高まっていた。2011年7月23日、浙江省温州市で起きた列車の衝突脱線事故を乗り越え、中国の高速鉄道網は日本の新幹線の10倍に当たる総延長3万5000㎞に達した。マスコミによると、高速鉄道は中国共産党の歴史、新中国の歴史、改革開放の歴史、社会主義発展の歴史などの宣伝・教育の「移動教室」となっているという。人々が続々と鉄道を利用して、全国各地にある革命史記念公園、新四軍革命記念館などの「紅色観光スポット」を訪れる。

都会で暮らす人々は、たまに「红色旅游」をしたくなる。遠隔地に旅行して、かつての「紅軍（1927〜37年の中国共産党軍の通称）」の軍服を着て写真を撮る。かなり面白いことをやっていると思うかもしれない。「红色旅游」の特別観光列車も誕生した。政府の狙いは、自然景観、民族文化、歴史的遺物、革命聖地観光名所などの観光資源を「紅色旅游」列車の旅と結びつけ、人々がレジャーや遊びの中で「革命精神」の洗礼を受け、「紅色文化」を広め、「紅色の遺伝子」を継承することだ。

40. 潜水　qian shui チアン シュイ　潜水するようにネットで黙っていること

本来の潜水とは、水の中に完全に体を沈めることである。現在では、水中で行う活動、もしくはその手段を指すことが多い。

現在、中国語での「潜水」は、主にネットでの「潜水」を指す。ネット時代に入り、携帯アプリが普及したことで、世間は「潜水」に新たな意味を持たせた。

つまり、自分の身元を明かすことなく、情報を投稿したり、ネット上に共有された情報やメッセージを他人に知られないように秘密裏に見るという個人の行動のことだ。

中国の携帯アプリ「ウェイチャット」には、いろいろなグループがある。私もいくつかのグループに入っている。例えば、昔の同級生のグループとか、幼なじみのグループなどだ。でも、私はあまりグループでは発言をしない。黙って皆の発言を読んだりすることがほとんど。それが「潜水」ということだ。

いつも「潜水」している人が、突然グループに発言することを、「冒泡」（mao pao＝水面に浮上）という。普段SNSに投稿しない人が突然、または久しぶりに発言や写真をアップすることも「冒泡」という。

ネットでは、自分の状態や要望を明らかにしなくても、閲覧するだけで必要な情報を得ることができる。それも「潜水」と呼んでもいいと思う。日本語には「ネットサーフィン」という言葉がある。「潜水」と「ネットサーフィン」、いずれも「水」と関係している。ネットは、現代人が多くの時間を費やす無限の大海原である。

41. 服软　fu ruan フールアン　負けを認める

「软」は日本語の「軟」、柔らかいこと。「服软」は、新しい言葉ではないが、近年、中国のマスコミが中国の外交を報道するときによく使われている。しかも、ニュースの見出しによくよく出る言葉だ。この言葉から、中国の外交姿勢が垣間見える。

「服软」とは、負けを認めること。過失を認める、弱腰になるという意味だ。また態度を柔らかくするという意味もある。否定形になる「不服软」は、負けないという意味になる。逆境と困難に負けない姿勢を示す時に使われる。

【例文】

A　不在困难面前服软」

（困難にへこたれない）

B「知道自己不对、就要承认、不能嘴硬不服软」

（自分が間違っているとわかっているときは、それを認めなければならないし、強がりばかり言ってはいけない）

因みに、男女関係において、男が女に「服软」の態度を取るのは、気概がないのではなく、相手のことを本当に大切に思ってくれていることを示す。以上は、普通の「服软」の使い方である。

中国の外交に関する「服软」は、これとは違う。ニュースを使って説明しよう。

例えば、2021年3月末に、「終于服软了？日本：中国听我解释、日本外相向中方承諾」というニュースの見出しが一斉に中国マスコミに出された。日本語に訳すと、「最終的に弱腰になる？日本：中国よ、私の説明を聞いてくれ、日本の外務大臣は中国に約束する」ということだ。

中国マスコミの報道によると、「3月に、日本の外務大臣茂木敏充（当時）は、前回の日米「2＋2」協議の共同声明で中国を名指しで批判したことについて、『その共同声明は、中国を批判する目的はありません。国際社会のルールに則って自分の役割を果たし、期待に応えていくことは、中国の利益にもつながります』と解釈した」。というわけで、茂木外務大臣の発言を中国側が自分に「服软」と読み取り、つまり、日本が中国に配慮し、中国に弱腰を見せたということになる。

中国の外交姿勢は、やはりメンツが一番、以上の例を見ればわかる。相手が「服软」すれば、自分のメンツを保つことができる。あえて言えば、中国との外交は、自身の姿勢をもっと柔らかくすればうまくいく。相手を「服软」させるという意識は、外交だけでなく、したたかな民族性の証かもしれない。

42. 喜大普奔 xi da pu ben シーダプーベン 喜びを共有する

「普大喜奔」とも言う。喜聞楽見、大快人心、普天同慶、奔走相告、四つの熟語の各冒頭4文字を合体した造語だ。みんなが幸せになれるものは、みんなで共有し、お互いに伝え合い、一緒に祝うということだ。しかし時には、ほくそ笑むような性格も含まれている。

「喜聞楽見」は、大いに歓迎されること、「大快人心」は快挙を皆が喜ぶ、「普天同慶」は世界の皆が祝うこと。「奔走相告」は重大な事件が起こった際に、走り回って知らせ合うことだ。

近年、「喜大普奔」はネット用語として流行っているが、メディアや公式文書では禁止されている。国家新聞出版広電（広電はラジオ、テレビ局の略称）総局は、全てのラジオ・テレビ番組や広告は、標準語に従って、共通の中国語や文字で書かれた語句や慣用句を使用すべきで、恣意的に語句を置き換えたり、構造を変えたり、意味合いを歪めたり、ネット用語や外国語の文字を挿入したり、ネット流行語句を使用してはならないという通達を出した。

「喜大普奔」は間違いなく造語である。しかしネット上では、言語の純粋性を保つことが重要である一方で、流行語の中には、現代的な特徴を持ち、普及しやすいものも多いため、使用してもいいのではないかというのが一般的な見解だ。

ほかにも造語はたくさんある。中国語も日本語も、ネット言語の豊かさと言語の純粋性というジレンマにどう対処するかという問題に直面している。世の中のあらゆるものが常に変化しているので、言語の変化にも寛容に対応する必要があるのではないか。新しく作られた言葉の中には、時代を反映したものが多い。しかしながら、流行言葉の宿命は、やはり教科書に載せられないことだ。

43. 天菜 tian cai ティエン ツァイ 好きなタイプ

「菜」は日本語で野菜、惣菜、料理の意味合いを持つ。若い人たちの会話に「他是我的菜」という言い方が出てくる。日本語にすると、「彼（彼女）は私のタイプ」という意味である。

「他是我的菜」をさらに強調すると、「天菜」となる。誰かの外見や性格がとても愛らしく、それが人を気持ちよくさせることを表現するときに使われる。ところで、好きな人のことを「私の菜」と表現するのは、ちょっと失礼ではないかと思ったが、若者の言い分は自分の大好物を好きになるように、人を好きになること。その素直な気持ちを表現するには「菜」がとてもふさわしいという。

「他不是我的菜」（彼（彼女）は私のタイプじゃない）という

言い方もあるが、「あなたは私のタイプじゃない」と相手に言うのは失礼だろう。日本でもたくさんの若者言葉が生まれてきた。簡易、シンプル、素直。若者言葉の共通点だと思う。今は「天才」にこだわる時代ではなくなって、「天菜」が人気になる時代になる。

44. 女团　lv tuan ニュートゥアン　女性アイドルグループ

「团」は日本語の「団」。20数年前、私が日本に来る前の中国には、「女团」という言葉がなかった。現在、アイドル文化のキーワードとして「女团」が活躍している。女团とは、AKB48のような女性アイドルのグループで、メンバーは若くてかわいい20歳以下の女の子。中学生のような外見で無邪気で、イメージとしては「青春美少女」である。

中国では90年代頃、初代アイドルグループが誕生した。最初は、「女子組合」といった。単純に歌を披露する団体である。21世紀に入って、有名なアイドルグループと言えば、2001年6月18日に結成した中国の古楽器演奏女性音楽グループの「女子十二楽坊」だ。2003年にアルバム「女子十二楽坊」を日本で発売すると、初日に1万枚を売り上げ、2ヶ月で100万枚を突破したという伝説を作った。そのアルバムは「日本レコード大賞2003」を受賞し、その年の「NHK紅白歌合戦」にも出場した。

2010年以降、中国の「女团」は「韓流」と日本アイドル文化の影響を受け、インターネットが急速に普及していったこともあって、急速な発展期に入った。エンターテインメント市場に大量の資金が流れ込み、「女团」の第3世代が徐々に誕生してきた。大人数の「女团」が続々と生まれ、彼女達はダンスと歌声を披露するだけではなく、様々なバラエティー番組やイベントに参加し、大衆娯楽でも活躍するようになった。

近年、中国で最も人気のある「女团」は、AKB48の姉妹グループである「SNH48」である。SNH48は、中国で新しいアイドル経済を作り出した。従来のアイドルグループの「閉鎖的なトレーニングが先で、その後にデビュープロモーション」という手法を完全に破り、専属劇場での独占公開、握手会、年次総選挙など、ファンがメンバーの成長を見守り、中国「女团」の「強力なファン経済モデル」を構築している。

「男团」という言葉もあるが、「女团」の影響力が圧倒的に高い。

45. 爷青回　ye qing hui　イエ チン ホイ　おじいさんの青春がよみがえる

「爷青回」は、「爷的青春回来了」の略語だ。中国語の「爺爺」はおじいさんという意味だが、「爷们」は男の人、おやじ、おっさんという意味だ。

「爷青回」は、以前見慣れていたもの、懐かしいものが復活（リバイバル）したことを指して、「青春が戻ってきた」という感じだ。待ちに待った青春との「再会」の喜びを表現する。慣れ親しんだ人や物が、時を経て変化した環境で目の前に現れた時の喜びを表現している。青春時代の人物、映画やドラマ、ゲーム、アニメなどが、現在に新たな形で再現されて戻ってくるシーンを描写する際によく使われる。

「爷青回」は、大人になることを余儀なくされた若者たちの嘆きと、幸せを取り戻したいという願いが込められている。「爷青回」は、時間を遡ることで、人々に人生の幸福な瞬間をもう一度体験させ、素晴らしい感動を呼び起こし、今この瞬間に人生への愛と未来への勇気を取り戻すことを可能にしようとしている。

実際は、おやじたちではなく、若者がよく「爷青回」を使っている。おそらく、コロナ時代という特殊な状況下で、家で孤立している無数の若者たちは、社会や集団とのつながりを求めて外に目を向けざるを得なかったのだろう。コロナ前に、いつも時間に追われて、ハイスピードで仕事に邁進していた若者たちが、ちょっと過去を振り返る時間を得たということかもしれない。

コロナの最中、ネットやテレビでは、懐かしいと思われる過去の名作番組を放送していた。昔、流行した歌・映画・ドラマ作品などが、若者を懐かしませる。日本でも同じく2020年からテレビ局が過去の名ドラマを再放送したりしている。だれでも懐かしい時間を過ごしたいに違いない。

46. 真人秀　zhen ren xiu　ジェン レン シユウ　リアリティ番組

真人秀（英語：reality television）は、テレビとネットのバラエティー番組の一つだ。台本がないことが特徴で、役を演じず、実生活をさりげなく流す。 中国語の「秀」は英語のShow、日本語の「ショー」ということ。特に有名人の実生活を一見オフレコのような環境で記録することで、視聴者に新鮮な感覚を与えている。有名人や芸能人のプライベートを知りたいという大衆の欲求を満たしている。

ドキュメンタリー番組との違いは、真人秀はドラマチックな場面や会話に焦点を当てる傾向があり、娯楽的要素が強いことだ。一緒に料理して、一緒に食べて、軽い話題で盛り上がって、生活感を「演出」する。

私は、ネットで「幸福三重奏」という真人秀番組を見た。三組の芸能人・有名人夫婦が一緒に休日を過ごすような流れであった。その中で、日本の元卓球選手の福原愛さん夫婦も出演した。番組を見る限り、そのラブラブな姿はとても羨ましいほどだった。しかし残念ながら、その後二人は別れてしまった。

日本では、真人秀番組は不可能ではないか。プライベートな空間と暮らしを放送することは、なかなか難しいだろう。かつて日本テレビの日曜日の夜の番組に「おしゃれイズム」というのがあった。ちょっとだけ、芸能人の自宅と日常を放送するコーナーがあったが、中国の真人秀と比べたら、相当控えめに感じる。

真人秀のもう一つの形は、芸能人が自ら私生活空間を生中継で公開すること。それによって、人気を集めることも少なくない。ただし、「真人」と言っても、多少「秀（ショー）」の部分がある。つまり、演出している。それにしても、バラエティー番組は、「真」を見せることで人気を博した。

47．种草、长草、拔草　草を植える、草が生える、草を抜く

zhong cao、zhang cao、ba cao

ジョン ツァオ、チャン ツァオ、バー ツァオ

「种草、长草、拔草」、この三つの言葉は消費行動に関することを示している。

「种草」は、草を植え、生やすこと。流行言葉として派生した意味は、商品の優れた点を共有して、他の人に購入を促す行為だ。つまり外部からの情報をもとに、何かを体験したい、所有したいという欲求を芽生えさせることだ。何かを他人にシェアして、他人が気に入るように勧める。影響力のある芸能人やインターネット上の有名人が、ネットを利用して「种草」、すなわち商品を宣伝することは、しばしば売れ筋商品の創出に重要な役割を果たす。

「长草」は、草が生えることを指す。また、所有欲が高まるという意味もある。古典の詩「野火烧不尽、春風吹又生」にあるように、人々の消費意欲は雑草が繁茂するように急激に増加してくる。

「拔草」は、草を抜くこと。買いたいという気持ちを抑える。以前に「种草」したものが良くなかったと気付いた時や、お金が足りない時に買い物欲を抜くこと。つまり、消費活動をやめる。また、ずっと気になっていた商品を購入する時にも使う。消費行動が「种草」につながることは、消費市場に活気がある証拠だ。若者たちは「种草世代」となり、「种草経済」を推進する。しかし、専門家の中には「衝動的な消費」や「過剰な消費」を指摘する者もいる。

48. 可甜可盐　ke tian ke yan クー ティエン クー イェン　クールもかわいいもイケる

「甜」は甘いという意味。「盐」は塩のこと。「塩」は名詞だが、ここで形容詞になり、塩分が多くて、しょっぱい、塩辛いということ。二つとも味を形容する言葉だ。

ネットでは、人の性格を「甜」と「盐」で形容する。「可甜可盐」は甘さと塩辛さを一瞬で切り替えることができるスタイルのことを指す。「盐」はハンサム、クールで支配的。「甜」はキュートでソフトという意味で、さまざまなスタイルを持ち、柔軟に切り替えられるという意味が込められている。

「甘味」と「塩味」というのは、アイドルのファン・コミュニティでよく使われる言葉だ。人間は多面的で、アイドルはなおさら。

例えば、好きな歌手のコンサートでの演出について、あるファンはこういう風に語った。「コンサートではパワフルなダンスだけでなく、癒し系男子に変身して魔法をかけたり、かわいいクマのぬいぐるみと触れ合ったり、さらには愛の言葉の達人に変身して女の子をからかったりと、会場ではファンの悲鳴が絶えなかった。可甜可塩で、最高！」

因みに、人の性格や外貌、仕草を「甜」で形容するのが、従来の使い方である。例えば、「笑容甜美」は、「笑顔が美しくかわいい」ということ。「盐」で性格を形容するのは新しい使い方である。

49. 前任　qian ren チエン レン　元カレ、元カノ

「前任」は、日本語と中国語で意味は同じだ。「以前にその職務・任務についていた者」をいう。

ところで、現在、中国の若者の間では、「前任」は元彼氏、元彼女のことを指す。恋人にも、まるで「任期」があるような感じだろう。もちろん、「前任」は一人だけではなく、数人の「前任」たちが存在してもおかしくない。

2014年、中国映画「前任攻略」が公開された。この映画は、恋に落ちた一組のカップルが、相次ぐ元恋人の存在が明らかとなるが、二人が葛藤しながら、関係を維持しようと奮闘するラブストーリーだ。

元彼氏、元彼女を「前任」だと言われても、現在の彼女（彼氏）を「現任」とは言わないだろう。「現任」という言い方があったら、おそらく「後任」がやってくるだろう。

50. 脑洞大开　nao dong da kai ナオ ドン ダ カイ　奇想天外 妄想爆発

「脑」は、日本語の脳のこと。「洞」は穴、洞穴。「脑洞大开」を直訳すると、脳の中、洞穴が開いたこと。「奇想天外」「妄想爆発」の意味合いを持つ。想像力が豊かであることだ。

中国のネットでは、「脑洞大开」は日本のアニメに由来する言葉だと言われている。視聴者が想像力を働かせて、元の物語にはない筋書きや内容を追加・加筆することを指す。その後、

小説や芸術作品、さらには実生活におけるプロットやシナリオの空想・想像を含む言葉として意味を拡大し、「脳内拡張」とも呼ばれるようになった。

「脑洞」とは、想像力を膨らませる脳内の「洞穴」という場所のことで、「洞」は大きければ大きいほど、想像力をかきたてられる。想像力が暴走し、想像を絶するほど豊かで奇妙な連想ができること。脳の中、神秘な「洞穴」が、だんだん開いていく…。

また、「脑洞大开」という言葉は、信じられないほど奇妙な連想やアイデアを意味している。「脑洞大开」のためには、脳のトレーニングを常にしたほうがいい。「あなたは脑洞大開」とは、褒め言葉である。賢くて頭がいいということだ。

2021年に開催された「2020東京五輪」の開会式の動くピクトグラムは面白く、世界中を感動させた。中国のネット上でも大きな話題になり、「脑洞大开」と絶賛されていた。巧みな動きと日本人のユーモア精神が込められていると思う。

51. 键盘侠　jian pan xia ジエン パン シャ　キーボードマン

「键盘」はキーボード、侠は侠客という意味。「键盘侠」は「キーボードマン」、英語でkeyboard manという。昔の侠客は、強者を挫(くじ)き、弱者を助ける「任侠を建前とした渡世人」の総称。ただし現代の鍵盤侠は、侠客の精神を持っておらず、「悪侠」になりかねない。

「键盘侠」は、現実世界では内気だが、ネット上では自らを「正義の味方」と称する人々のことを指す。普段は対人関係に苦手意識を持つものの、一人でいると、パソコンやスマートフォンを通じてオンラインでのコメントやチャットに没頭し、現実とは異なる性格に豹変し、他人を評価したり社会問題について語ったりする。しかも、彼らは盲目的にネット上の噂を追いかけて、他人に利用される対象になりがちで、SNSで誹謗中傷をしがちな人たちだ。

例えば、「2020年東京オリンピック」では、日本の選手たちが素晴らしい活躍を見せていたが、選手たちのSNSアカウントには、応援や賛辞だけでなく、国内外からの一方的な誹謗中傷も見られた。これらの中傷が中国の「键盘侠」によるものではないかとの推測もある。このような行為はすぐに止めるべきだ。

私は中国国内のニュースサイトの編集者と「键盘侠」について、話し合った。私自身も時々ネットで日本のいいところを書くが、「键盘侠」からの攻撃に遭って、本当に気分が悪かった。編集者が、「私たちもよくこのようなことに遭遇しますが、無視すればいいのです。『键盘侠』はネットに身を隠して人を罵倒し、実は現実への不満をぶつけているだけです」と言ってくださった。

52．摸鱼　mo yu モー ユー　サボる、怠ける

「鱼」は、日本語で魚のことである。「摸魚」とは、文字通りの意味は「魚を撫でる」ということ。今はネット上で「怠ける」という意味で使われている。

「渾水摸魚」という中国の成語（熟語）がある。これは、水が濁った時に魚を捕まえることに由来する。「混水摸魚」とも表現される。中国の魏晋南北朝時代の兵法書「兵法三十六計」には「渾水摸魚計」という計略が記されている。これは敵の内部を混乱させ、敵に誤った行動をとらせる戦術だ。現代では、混乱に乗じて利益を得る、または火事場泥棒のような行為を指す意味で使われる。

「浑水摸鱼」は「摸鱼」と意味が違って、サボる、手を抜くなどの意味となる。ごまかすという意味も派生したようだ。仕事中にプライベートな作業をすることも「摸鱼」という。

53. 大咖 da ka ダカー 名人、達人

「大咖」は元々は香港や台湾で使われていた言葉だが、近年は中国大陸にも導入されている。「咖」は、英語のcasting（役）を音訳したもので、「大咖」は元は大役という意味で、現在は「すごい人」という使われ方だ。他人から一目置かれるような、知識や技術、能力を持っている「名人」「達人」のような人を表す。ある分野でより成功した人。日本語で「大物」に相当する。

台湾では、芸能界で活躍するさまざまなタイプのスターを、ランクに応じて「A咖」「B咖」「C咖」などと格付けしている。

なお、「怪咖」とは、非常に風変わりな人、奇抜なところがある人のことを指す。「社会咖」とは、職業不明でぶらぶらしている人のことだ。

中国では、「大咖」はもう一つの意味を持つ。大手ゲーム会

社では「大咖ゲーム」を製作している。最新で楽しいモバイルゲームなどをどんどん提供している。

54．三观　san guan サン グアン　世界観、価値観、人生観

「观」は、日本語で書けば、「観」になる。中国語で「观」は基本的に「見る」という意味。例えば、「观看（カンカン）」。「三观」の「观」は観念である。

通常「三観」は、世界観、価値観、人生観のことを指す。しかし、中国政府が提唱する「三観」は、2009年の第17期中央規律検査委員会第3回全体会議で元国家主席の胡錦濤が提唱したものである。すなわち、事業観、仕事観、政績観である。

また、「三観」とは、仏教の「一心三観」を指す。これは空観（くうがん）、仮観（けがん）、中観（ちゅうがん）を意味する。空観はすべての存在が実体を持たないとする観点であり、仮観はすべての存在が仮に現れるものとする観点である。そして、これらの空観と仮観を一つと見なさない中観を、一心に同時に理解することを指す。

日常生活で中国人はよく「三観一致」あるいは「三観不合」と言う。つまり、他人と世界観、価値観、人生観が合うか、合わないか、ということ。恋人あるいは夫婦が別れる理由として、よく「三観不合」と取り上げられている。実際、「三観一致」とは、かならずしも同じ考え方を持つということではない。趣味や嗜好、考え方が同じである必要はなく、共通点を探し、お互いを許容し、理解し、感謝することができるということだろう。

55. 人设　ren she レンシェ　人物設定、ペルソナ

「设」は、日本語の「設」だ。「人设」は、人物設定、キャラクターの設定のこと。ペルソナ（仮面）に近い。基本的な設定としては、名前、年齢、身長、性格、嗜好、生まれた育った背景などがあり、簡単に言えば、生身の人間として完成されたキャラクターを作ることだ。この言葉は、ゲームやアニメ、コミックなどでバーチャルなキャラクターの身体的特徴や性格を表現することを意味している。2016年以降、「人设」の概念はエンターテイメントにも適用され、芸能人が自身のポジショニングのためのイメージや、映画やドラマで演じる役のイメージを表すことが多くなっている。

いくつかの「人设」関連の言葉を紹介しよう。

「人设崩塌」とは、ペルソナの崩壊に相当する。タレントのキャラクターが適切に設定されていないことを指す言葉だ。一方で、それまでの健康的でポジティブなイメージを覆すような出来事があって、その人のイメージが崩れてしまったことを意味し、「人设崩了」あるいは「人设已崩」（崩れたペルソナ）とも呼ばれる。

「消费人设」とは、自己宣伝のために他者を利用する芸能人を指す。一部の芸能人は、世間の視線を逸らすために他人の否定的な話題を持ち出し、自身の悪評を和らげたり、自分の地位を向上させたりしている。他人を「物」のように扱い、「消費」する悪行だ。

「吃货人设」。まず「吃货」は、「グルメや食べ物に目がない人」

「食いしん坊」のこと。食べ物に対して独特の欲求や追求心を持っている人たち、特に高級食材を愛する、美食家を目指すようなキャラクターだ。とにかく食べ物が大好きで、おいしいものを見ただけで食欲が刺激されてしまう人だ。

56. 原生家庭　生まれ育った家庭

yuan sheng jia ting

ユアン シェン ジャ ティン

「原生家庭」とは、英語で「family of origin」と表される概念だ。これは近年、社会学で頻繁に用いられる用語で、子どもがまだ自立しておらず親と同居している家庭、または生まれ育った家庭を指す。家族の雰囲気、伝統、習慣、子どもの家庭内での役割、家族間の相互作用などは、子どもが成長して将来どのような行動を取るかに大きな影響を与える。大人になった後の言動は、避けられないほど家族の影響を受けているものだ。

それとは別に「新生家庭」とは、若い夫婦で形成される家族のことで、その家族には夫婦の両親は含まれない。

2019年、中国で大ヒットしたファミリードラマ「都挺好（とていこう）（ALL IS WELL)」（なんでもよかった）をきっかけに、多くの人が「原生家庭」について議論している。人にはそれぞれの考え方があるが、中国人は、出身家庭や出身地に関して非常に関心が高い。中国人はよく、「家家有本难念的经」（どの家庭にも難しいことがある）と言う。この「難念的経」を解き明かすのに、「原生家庭」という概念は有効な視点だと思う。

「新生家庭」に「原生家庭」の負の要素を持ち込まないように、

「原生家庭」の影響を認識することは大事だが、むしろ、ネガティブをポジティブなエネルギーに変えるのは、もっと重要なことだろう。

メディアが芸能人のスキャンダルを報道する際には、彼らの「原生家庭」からの影響について言及することが多い。例えば、「人生に影を落としている有名人の『原生家庭』は？」というような報道だ。プライバシーに関する内容も多く、多少なりとも猟奇的な要素がある。

57. 锦鲤　jin li ジンニイ　強運の持ち主

「锦鲤」は日本語で「錦鯉（にしきごい）」と書く。錦鯉は高級観賞魚として親しまれているが、現在、「锦鲤」はネット上の流行語になり、文化的現象にもなった。その意味は、幸運を持っている人や、幸運をもたらすものを指す。日本語でいうと、「強運の持ち主」「勝ち組」という意味だ。

2018年9月24日、アリペイの公式Weibo（中国版X）アカウントが「あなたが中国の錦鯉になりますように」と題したWeiboの投稿を公開したところ、300万回以上リツイートされ、ネット上で「锦鲤」の人気が高まった。

古代から、中国では鯉は縁起がいいものとされる。「鯉魚跳龍門」という古代伝説がある。鯉が龍門を飛び越えることができたら、本物の龍に変身する。鯉が龍門を飛び越えるとき、頭上には龍が浮かんでいるという。古代の科挙試験（官僚登用試験）に合格して昇格することの比喩である。また、流れに逆らって前に進み、上に向かっていくことの比喩でもある。

しかし、誰もが龍門を飛び越える「鯉」になるわけではないし、誰もが「锦鲤」になれるわけでもない。「锦鲤」になるのは、ただの願望で、ほとんどの人は普通の「鯉」だ。

私が日本に来たばかりの頃、SMAPの歌である「世界に一つだけの花」を聞いて、とても感銘を受けた。「NO.1にならなくてもいい　もともと特別なOnly one」という歌詞が心に沁みた。一人ひとりが個性ある「鯉」になればいい。

58. 社死　she si シェ シー　社会的な「死」

「社死」は、「社会性死亡」の略語だ。世論に叩かれて屈辱を受けた人が、その屈辱に耐えかねて、社会の中で居場所がなくなったという意味だ。ネット上で流行している「公开处刑」という言葉に意味が近い。日本語で言うと「炎上」だ。ネット上での嵐のような批判を経験した後、社会的な接触を遮断され、社会的評価が転落してしまう個人の窮状を表す。

「社死」は、ネット上の誹謗中傷の残酷さも示している。有名人だけでなく一般の人々も「社死」に迫られることがしばしばある。例えば、WeChatのモーメンツ（Facebookのタイムラインのようなもの）で悪口を言われ、プライバシーが侵害され、精神的に追い込まれるといった具合だ。

一方で、社会道徳に反して社会秩序を乱すようなことをしている人が、世論にさらされるケースも確かにある。ただし、それでも節度があるべきで、プライバシーを侵害してはいけない。

59. 太雷　tai lei タイ レイ　びっくり仰天

「太雷」とは、雷のように人を驚かせること。中国語の「太」は日本語の「とても」の意味。「雷人」という使い方もある。驚いた、びっくり仰天、信じられない、理解できないといったニュアンスの言葉だ。稲妻に打たれたように、受け入れられないほどのとんでもないことにショックを受けること。

実際には、語尾に「了」を伴って、「太雷了」と形容詞として使用されることが多い。「雷人服装」「雷人髪型」「雷人広告」という使い方をよくされる。人の考え方を「太雷了」と形容する。例えば「他的想法太雷人」は、「彼の考え方はとても破天荒だ」という意味だ。

夏に街を歩いていて、毛糸のマフラーを巻いている人を見て、思わず「太雷了」と言った。逆に、冬の寒い日に、Tシャツ1枚の人を見たら、それも「太雷了」と言いたくなる。

日本の漫画の登場人物の中で最強の「雷属性（電気属性）」キャラがいる。例えば『NARUTO』『ONE PIECE』(ワンピース)など。それが「雷人」の由来であるという説もある。

60. 格局小了　ge ju xiao le グージュ シャオ レ　器が小さい

元々の「格局」は、空間を形容する言葉だ。構造や形式などの状態で、建物などの構えや造り、たたずまい。

ネット上で、よく「格局小了」という言葉を見かける。この場合の「格局」は人の心の広さを指すものだ。人が注目するレベルや空間、物事に対する姿勢や考え方、視野のこと。「格局小了」とは、視野が狭く、物事を総合的に判断できないこと。日本語の「器が小さい」に似ている。

さらに詳しく言うと、「格局」とは、一般に物事の状況や動きに対する理解や認識、物事がどのような状態にあるのか、そして将来どのように進化するかをどれだけ把握しているかを指す。「格局」は個人の価値観や世界観を反映する言葉だ。

「格局」を形成する要素には「眼光」(洞察力)と「見識」がある。これは、心の広さを意味する。「格局小了」という表現は、個人だけでなく、組織や企業、さらには国にも適用される。

61. 工具人　gong ju ren ゴン ジュ レン　便利な人

「工具人」とは、他人のために精神的、物質的、経済的な支援を惜しまず無償で提供し、相手に道具のように扱われる人を指す。女性にとって、このような男性は都合が良い存在だ。その意味は、バブル景気時代の日本における俗語「アッシーくん」に似ている。一般的には、男性と交際している女性の態度を表すのに使われる。彼氏を「工具人」のように使う。また、オンラインゲームでは、自分を犠牲にして他人を助ける人という意味でよく使われる。

「工具人」は、まさに無償の愛を捧げる人だ。たとえ見返りがなくても、相手が自分を使ってくれると、「やっぱり自分が役に立つのだ」と密かに喜ぶ。

愛は相互のものでなければならない。しかし「工具人」は無償の愛は提供できるが、実際の「工具人」は自分の中に幻想的な世界を構築し、そこで生きている。その世界が崩れたら、「工具人」の心もまた壊れる可能性がある。つまり、「工具人」から学ぶべきことは、人に尽くすことには限界があり、他人を愛する際には自分を見失わないことだ。

62. 官宣 guan xuan グアン シュエン 公式発表

「官宣」とは、文字通り「官方宣布」のことである。「官方」は本来、政府側という意味だが、現在では個人や組織の公式な発表を意味し、公に発表することをいう。

かつてある芸能人カップルが、中国版ツイッター（X）で結婚を発表した際に「官宣」という言葉を使った。それが当時非常に注目され、広く真似されるようになった。そして、一般の人々、特にネットユーザーも「官宣」という言葉を好んで使い、SNS上での告白あるいは恋人を自慢する際に「官宣文案」（オフィシャルコピーライティング）と書いたりする。

さらに、派生した言葉も紹介しよう。「官网」は、公式ホームページ（オフィシャルウェブサイト）。「官话」とは、かつて中国の官界・上流社会で用いられた標準言語を指す。現在、この言葉には皮肉的な用いられ方をしており、「堅苦しい話し方をする」「原稿棒読み」という意味がある。「官样文章」とは、型にはまっただけの中身のない文、お役所式のきまり文句だ。

63. 朝阳群众　朝陽区の情報提供者

chao yang qun zhong

チャオ ヤン チュン ジョン

「朝阳」は、北京の地名だ。「阳」は、日本語の「陽」。「群众」は「群衆」のこと。「朝阳群众」は、中国・北京市朝陽区の情報提供者を指し、数々の有名人の薬物使用や売春をすみやかに報じたことで知られている。ネットユーザーから「世界第5位の諜報機関」と揶揄（やゆ）され、北京警察に評価されているほどだ（ネットユーザーは、アメリカの中央情報局、ソ連のKGB（現在のロシア国家保安局）、イスラエルのモサド、イギリスのMI6に続く世界のトップ5の情報組織の一つだという）。

朝陽区は、北京の6つの区の中で最大の区である。ビジネスの中心地であり、在中国外国大使館のある三里屯（さんりとん）や高級住宅街がある。朝陽区は、昔から北京の新進気鋭のセレブが住む街として人気があったが、経済発展に伴い、特に芸能人などセレブの間で薬物乱用や売春が行われることが多くなった。

「朝陽群众」は、朝暘区の住民が街の監視をする市民ボランティアのこと。セキュリティボランティア、党員パトロール、24時間勤務のフルタイムパトロール、ボランティアパトロール、セキュリティ活動家から成り立っている。制服を着用した警備員や、ボランティアは服に赤い腕章を付けた人々、朝の買い物帰りと思しき通行人など、朝陽区の主要なエリアで「朝陽群众」の存在が随所に見受けられる。

このような広範な「朝陽群衆」は、実行性、浸透性が高いコミュニティのセキュリティネットワークを構築しており、大勢の住民が警察や政府機関の目や耳となり、不正行為を摘発し、コミュニティの調和と安定を保つことができると、中国のネット上で評価されている。

2017年2月には「朝阳群众」アプリが登場した。このアプリには、「迷子」「ひき逃げ」「高齢者の迷子」「容疑者」「子どもの誘拐」の5つの項目があり、ユーザーは動画や写真、テキストをアップロードして犯罪行為を密告することができる。また、位置情報機能を利用して、近くの警察署を検索することもできる。

中国のマスコミはこのアプリを高く評価している。「より多くの国民が重要な情報を警察に提供することを容易にするものであり、政府の法執行に国民が奉仕し、政府が国民に頼るという概念を深め、治安維持の執行力を国民に拡大するものだ」という。「朝阳群众」は、中国的な特徴を持った存在だ。警察への通報を「職」とする「プロ通報者」もいる。通報することで、賞金がもらえる。それは中国の独特な社会システムだ。

64. 民不聊生　min bu liao sheng ミン ブ リャオ シェン　子供を産む話題に触れたくない

「民不聊生」は四字熟語で、本来は、生活に必要なものが何もなく、非常に苦しい生活を送っているという意味。民衆が生活の手だてを失うことを指す。例えば、「连续三年的自然灾害时的民不聊生」。「3年も続いた自然災害のために人々は生活が苦しくて、生計が立てられなかった」というように使う。この意味での「聊生」は生活のよりどころとする、生計を立てる。

現在ネット上での「民不聊生」の意味は、生活のプレッシャーから子供を産みたいと思わない現代人のことを指す。そういう話題を口にもしたくない様子だ。現代中国語の「聊」あるいは「聊天」は、お喋りする、雑談する、よもやま話をする。この意味での「不聊生」は、子供を産むことに触れたくない、話したくない。こちらの「生」は、生育である。 中国人の生活水準が上がった今、もはや昔のような「民不聊生」とはかけ離れているはずなのに、別の意味での「民不聊生」に変わってしまっている。異なる時代に異なる「民不聊生」がある。

65. 气氛组 qi feng zu チー フェン ズー ムードメーカー

中国のネットの流行語である「气氛组」とは、雰囲気を作る人のこと。雰囲気や気分を盛り上げる人という意味で、様々な場面で使われている。

ビジネスでも、「气氛组」が役割を果たしている。例えば、ナイトクラブやバーなどの業界では、集客のために賑やかな雰囲気を作るために、「气氛组」が重宝される。具体的には雰囲気を作って場を盛り上げること。日本語のムードメーカーに似ている。

多くの中国人の性格は、空気を読むこともないし、わざわざ雰囲気づくりをしなくてもいいと思っている。ただし現在、良い雰囲気づくりが必要であることは、ビジネス的なニーズが高まっていることを示していると思われる。

ナイトクラブなどは「圧力開放弁」（ガス抜き）としての役

割を長年にわたり果たしてきており、都市のナイトライフの象徴となっている。客は日中の仕事のストレスからの解放を求めている。しかし、バーを見つけても多くの人がすぐに入るわけではない。客はナイトクラブに対して一定の期待を持っている。もしバーが冷たくて閑古鳥であれば、それらの期待に応えることは難しいだろう。

「气氛组」は、客にお金を使ってもらうために、雰囲気を盛り上げる役割を担っている。ナイトクラブでは、「气氛组」という概念がよく知られているが、この業界に限ったことではない。かつてはいろいろな業界で、「託児」という名前で知られていた、かなり古い職業だ。

2021年12月、クリスマスを盛り上げるために、スターバックスは中国版ツイッターのWeiboに「早速、公式の『气氛组』を30名募集します！」と投稿した。この発表を受けて、WeiboやWeChatなどのソーシャルメディア上で、消費者から「スターバックスの『气氛组』に参加したい」という多数の応募が寄せられたらしい。

カフェで、どうやって雰囲気づくりをするか、想像しにくいかもしれない。おそらくおしゃれな男女がコーヒーを飲みながら優雅に会話をしているのだろう。

心地よい音楽、芳醇なコーヒーの香り、適度で騒がしくない店内のBGMは、退屈で真面目なオフィスとも、閉じられた家庭とも雰囲気が異なる。開放的でありながらプライベートな空間を提供し、モバイルオフィス（隠れ家）を必要とするエリート層には、まさに天国のような場所だ。「气氛组」は、この環境にうまく溶け込んでいるようだ。

66. 段子　duan zi ドゥアン ズ　小ばなし

「段子」という言葉は、もともとは中国の伝統芸能である「相声(そうせい)」（落語・漫才に似た演芸）の芸術用語で、「相声」の中の一節や段落を指す。「段子」という言葉が頻繁に使われるようになると、人々が無意識のうちに積極的にユニークな意味合いを盛り込んだことで、いつの間にかその意味合いが変わってきた。「黄段子」（下ネタ）、「冷段子」（深い話）、「黒段子」（ホラー・ストーリー）という言葉に広がっている。

「段子手」は「段子」の書き手のこと。ほとんどの「段子手」は本業ではなく副業で、「段子」を書く以外にも仕事を持っているという点で、作家とは区別される。

因みに、文章がうまい「段子手」が大勢いる。「段子」の重要な特徴は、ユーモア精神にあふれていることだ。

【例文】

A．女朋友说：认识我之前，觉得这个世界上没有一个好男人；认识我之后，觉得这个世界上除了我都是好男人。

（私の彼女は、「私と出会う前は、世の中にいい男はいないと思っていたけど、私と出会ってからは、私以外の男はみんないい男だと思うようになった」と言っていました）

B．胖子只有两条出路，要不就让身材变好，要不就让心态变好。

（太っている人には、スタイルを整えるのか、あるいは心を整えるのか、2つの出口しかありません）

67. 小编　xiao bian シャオ ビエン　編集者の自称

「编」は、日本語で「編」と書く。「小编」とは、つまり編集者の自称、より愛着のある呼び方だ。また、自分のことを「小編」と呼ぶのは、謙遜な姿勢を見せる目的がある。編集者が情報を提供し、読者（ネットユーザー）がそれをインプットするというシステムを、提供側が優越感を持たず、親しみやすく人間味のあるイメージを作り、より読者と対等な関係を築く。

現在の編集者は、文字編集者だけではなく、写真編集者や映像編集者など、さまざまな種類がある。また「小编」は、編集のノウハウを使ってプロモーションを行うなど、表現形式とも言える

ネット上で、編集者でもない人が「小编」を自称していることもある。話す人、書き込む人は自ら「小编」と名乗る。もともと中国では、若者や自分より年下の人に対し、相手の苗字の前に「小」をつけて呼ぶ習慣がある。例えば、「小張」「小趙」など。今、ネット上で活躍している編集者は、ほとんど若者だ。それも編集者を「小編」と呼ぶ理由の一つだろう。因みに、「老編」の呼び方はなさそうだ。

68. 绝绝子　jue jue zi ジュエ ジュエ ズ　ヤバい、すごい

「绝」は日本語で「絶」と書く。「绝绝子」は若者言葉で、日本語でいうと、「やばい」と似ているような感じだ。いいこと

もわるいことも「やばい」。

基本的に、素晴らしいことや人を褒める場面で使う。例えば、「好きな芸能人の名前＋绝绝子」は、この芸能人が非常に魅力的であることを示す。逆に、良くない、ひどい、まずい、程度が低い、下手なことにも「绝绝子」を使う。もちろん、皮肉である。例えば、ある歌手の歌が下手だと言う場合は、「歌手の名前＋绝绝子」で表現する。話すときの声のトーンによって、嘲笑なのか褒め言葉なのかがわかるはずだ。

69．破防　po fang ポー ファン　心の防御線を破られる

「破防」は、「破除防御」の略語だ。本来は、ゲームで相手の守備を突破し、相手の守備力を失わせることを指す。何かに遭遇したり、何かの情報を見たりして、心の奥底からショックを受け、心の防御線を突破されること。

オンライン環境において、防御が突破されるのは技術やスキルではなく、個人の心理的な防御だ。理性よりも感性が優先され、感情が制御できなくなり、普段とは異なる人格を見せることになる。怒り、悲しみ、恥、感動など、どんな感情も人を「破防」させる力を持っている。「破防」は若者たちが興奮を共有するための流行語となっている。

「破防」という表現を通じて、人々は感情の爆発を公然と示し、自己の内面を明かすことが可能になる。近年、精神の健康や感情の変化への意識が高まっているが、「破防」という言葉は、社会や言語現象の交錯を一定程度映し出している。「破防」

は相手の好感を得やすい自虐的でノリが良く、正直な表現であるため、広く使われているのだろう。ネット流行語の特徴の一つとして、同じ言葉がいろいろな意味合いを持つことが挙げられる。

70. 元宇宙 yuan yu zhou ユエン ユー ジョウ メタバース

「元宇宙」は日本語でメタバースである。2021年10月末、Facebookが社名をMeta（元宇宙の元）に変更し、世界中に広く関心を呼び起こした。「元宇宙」は、以前は「元界」と呼ばれた。「元宇宙」の概念は、1992年にアメリカの作家ニール・スティーブンソンが発表したSF小説『Snow Crash（スノウ・クラッシュ）』に初めて登場した。現実世界と並行する仮想のデジタル世界を描いた作品である。

「元宇宙」は、仮想世界と現実世界の統合手段として、社会的交流、ゲーム、職場のシナリオに革命をもたらす大きな潜在力を持っていると言える。進化し続ける「元宇宙」の概念は、多様な参加者によって絶えず拡充されている。人間の生き方を大きく変える背景には、「元宇宙」がもたらした発想がある。学者、実業家、芸能人、ビジネスマンから普通のネットユーザーまで、多くの人が興味津々に「元宇宙」を語っている。

「元宇宙」という概念は、産業としてはまだ成熟しておらず、その発展や関連の投資には不確実性が多いため、現実性への回帰が求められている。現在、この「元宇宙」にビジネスチャンスを見出そうとする中国の企業も増えてきている。

例えば、中国の新型茶飲料業界は「元宇宙」に対する熱狂的な盛り上がりを見せている。「新型茶飲料」は、高品質な茶葉を異なる抽出方法で得られた濃縮液に、生乳や生クリーム、様々なフルーツやナッツなどを消費者の好みに合わせて加えて完成品させる。いくつかの新型茶飲料ブランドは「元宇宙」をモチーフにした商標を申請している。新型茶飲料業界は「元宇宙」のコンセプトを取り入れることで、トレンドの話題を作り出し、若い消費者を惹きつけている。

71．清朗行动 qing lang xing dong チン ラン シン ドン ネット改善作戦

「行动」は、日本語で「行動」と書く。「清朗」は清潔、明朗ということ。「清朗行动」とは、中国政府のネット情報管理部門が2021年から展開する特殊作戦「ネット掃除シリーズ政策」だ。事実上の芸能界粛清とみられている。

2021年、「清朗行动」には、ネット上での歴史ニヒリズムの是正、春節（旧正月の期間）のネット環境の是正、アルゴリズム乱用の管理、闇サイトの撲滅、未成年者のネットワーク環境の是正、PUSHポップアップニュース情報の是正、サイトアカウントの運用規制など、8項目の重点課題があった。また、オンラインエンターテイメントやホットスポットのランキングの混乱を是正した。

ファンコミュニティは中国語で「飯圏」である。「飯圏」と人気アーティストも粛清の対象だ。ネット上には「でっち上げ」情報が氾濫している。「清朗行動」の開始以来、芸能人がうま

くファンをリードできず、ネット環境を汚染してしまうという理由で、多くの芸能人のSNSアカウントが停止され、中にはブロックされたものもある。

近年、芸能界は「高額なギャラの芸能人」「捏造されたネットワークトラフィック」「ファンによる罵詈雑言の氾濫」「不正行為を行う芸能人」といった情報が飛び交い、混沌とした状況となっている。若者の中には、「清朗行動」の意図を理解せず、アイドルを応援する自由が制限されていると感じ、この取り組みに抵抗している者もいるようだ。

72. 双減　suhang jian シュアン ジェン　二つの負担削減

「减」は、日本語で「減」と書く。「双减」は、二つの減少という意味。義務教育段階の学生の宿題と下校以降の塾の負担を軽減するための政策である。

昔は、小学生の鞄が重かった。学校によっては、宿題の量が過剰で、生徒の運動や休息、レクリエーションのための時間を奪っていた。多くの小学校では午後3時半に学校が終わる。この政策の本来の目的は、生徒の負担を減らすことだが、学校外で増えた負担がコントロールできなくなることは想定外だった。

政府は、学校教育の質とレベルを向上させ、宿題の割り当てを科学的かつ合理的にし、放課後のサービスが生徒のニーズに応えることを目指す。生徒が学校での学びを深められることも期待されている。

中国の報道によると、学習塾を含む校外教育機関に対する規制が強化され、科目ごとの学習の混乱が解消されつつあり、補習授業校（塾）への熱意も次第に低下している。また、地下鉄やバス停の広告スペースに補習授業校や習い事の広告を掲載することも厳しく制限されている。

73．贺岁片　he sui pian　ホー スイ ピェン　正月映画

「贺」は、「祝賀」の意味。「岁」は日本語の「歳」。「贺岁片」は、いわゆる新年と春節期間に公開される映画のことである。休暇期間、特に春節の時期にリラックスを求めるのは観客の共通の心理であり、これが「贺岁片」のスタイルを決めている。軽快でユーモアがあり、スペクタクルやエンターテイメント性の強い作品が多い。

2022年初頭、中国では、コロナをコントロールしたところだった。全国の映画館の稼働率はほぼ100％だという。2021～22年の年末年始は「贺岁片」の供給が盛んだった。コロナ時期でも、映画市場の興行と繁栄が続いていた。

「贺岁片」は、映画を作る側のビジネスの目的が反映されている。14億人規模の中国映画市場はかなり大きい。映画の娯楽性を重視することが当然だと認識されている。

74．阴阳人　yin yang ren　イン ヤン レン　表裏のある人

「阴阳」は、日本語で「陰陽」を意味する。「阴阳人」という言葉は、「阴阳怪气」という熟語から派生している。「阴阳怪气」とは、言葉や態度が率直ではなく、怪しい、または不明瞭で、本音がどこにあるのかわからないことを指す。

「阴阳人」は、陰険な言い方をする人、指針のない言動をする人、都合の良い立場につく人、二枚舌を使う人、表裏のある人、または二股をかける人や組織を指すこともある。

75．中央空调、暖男　誰に対しても優しい男

zhong yang kong tiao、nuan nan
ジョン ヤン コン ティアオ、ヌアン ナン

「中央空调」は、セントラル空調のこと。1つの熱源装置で建物全体の冷房や暖房を行う空調方式だ。しかし現在、中国のネット上では、「中央空調」はあるタイプの男のことを言う。周囲の女性すべてに優しく、思いやりのある男性のこと。女友達は多いが、彼女はいない。セントラル空調のように、暖かさを広く伝えている。しかし、この手の男性は総じて一途ではなく、愛を裏切りやすい、女の子に安心感を与えることはないだろう、というイメージである。

「暖男」という言い方もある。温厚で、家族や知人への思いやりがある男性を指す。見た目は晴れやかでハンサム、几帳面で、家族の世話や料理もこなし、そして何より人をよく理解し

共感することができる人だ。「中央空調」より、「暖男」の方が評判がいい。

女性に対する言動で「中央空調」と「暖男」の区別を言えば、「中央空調」は大勢の女性に言い寄り、「暖男」は特定の人に言い寄るということ。しかし、人を「空調」にたとえることは、やはり破天荒な発想だろう。

76．九漏鱼 jiu lou yu ジウ ロウ ユー 義務教育を受けていない人

「漏网之鱼」という中国語の熟語がある。網にかからなかった魚という意味だ。「九漏魚」は、ネット用語だ。9年制義務教育の「漏网之鱼」、9年制義務教育未履修者、つまり小学校・中学校の9年間の義務教育を修了していない人を指す。「九漏鱼」は、知識水準の低い芸能人の比喩として使われることがほとんどだ。

例えば、テレビ番組に出演した際に文字が読めずに言葉を間違えてしまい、「九漏鱼」とネットユーザーに揶揄される芸能人がいる。彼らは中学を中退し、芸能事務所の研修生として働き始め、小学校の学歴しか持っていない。中国のアイドルの知識レベルについての調査があったが、全体的には高くないとの結果だった。学歴と能力や人柄は別だが、有名人として、基本的なリテラシーを身につけることは必要だろう。公の場で間違った言葉を使い続けることは問題がある。

77．反诈 fan zha ファン ジャ 詐欺を取り締まる

「反诈」は、詐欺を取り締まること。「诈」は日本語の「詐欺」。2021年4月、中国公安部は「国家詐欺防止センター」のアプリを発表し、5月には公安部刑事局の公式微博（ウェイボー）で「電気通信ネットワークにおける詐欺（主にネット詐欺）防止ハンドブック」を公開した。これらの施策は、詐欺防止に関する知識を普及させ、一般市民が騙されないよう注意喚起するものだ。

「国家詐欺防止センター」は、電気通信ネットワーク不正などの新型違法犯罪の撲滅、防止、管理に重要な役割を担っている。

近年、中国のネット金融業界の急激な発展に伴い、通信事業者によるネット詐欺の手口やスキームが複雑化・より隠蔽化され、混乱を招いている。一般市民からの通報件数も増加傾向にある。中国では電子決済が広く普及しており、その結果として電子詐欺が頻発している。詐欺の手口は多様であり、特定が困難だ。詐欺が高度な技術を使用しているため、政府も同様に高度な技術でこれに対抗する必要がある。電子マネーの流通が増えるにつれ、「反詐欺」の取り組みも急務となっている。

日本では、まだ現金のみの店がたくさんある。電子マネーの普及状況は中国よりかなり遅れていると思うが、それでもいいのではないか。ハイテクの時代こそ、お金に対する実感も大事だ。そして、近年、中国と同じように、日本でもさまざまな詐欺が出てきて、「反诈」の必要もある。

78．干货 gan huo ガン ホゥオ 実用的即効性のある情報

「货」は、日本語の「貨」。「干货」とは、本来は天日干しや風乾した食品などを指す。日本語の「干物」に当たる。魚などの魚介類の身を干した乾物である。

もう一つの「干货」は、電子商取引の従事者が発表し、共有するネットワークプロモーションとネットワークマーケティングの記事と経験方法を指す。これらの方法はより実用的で、水増しや偽の情報が含まれていないため、業界ではこの種の経験談を「干貨」と呼んでいる。

新しいタイプのビジネスに関する広報活動でよく耳にする「干貨」という言葉は、実際に経験者や先輩が実践してきた手法や経験を指す。通常、これらは理解しやすく、ビジネスの意図を感じさせないため安心して聞くことができるので、話を聞く側にとって実用的で即効性のある情報となる。

79．团购 tuan gou トゥアン ゴウ 団体購入

「团」は、日本語の「団」。「购」は、「購入」の意味。「团购」とは、団体購入の略語。英語でgroup purchase、グループショッピングという意味で、知り合いや、知らない消費者が一緒になって、商家（ショップ）との交渉力を高めて最安値を狙う買い物方法のことである。より安く、より多くを売るというビジネス手法のもと、小売価格よりも格安団体割引や、個人で購入

するときには得られない質の高いサービスを受けられる。

「团购」という新興の電子商取引モデルは、消費者が自主的に集まり、専門の「団購」サイトを介して購入グループを形成することで、ユーザーと店舗の交渉力を強化し、低価格で商品を入手することができる。この手法は、消費者、業界関係者、さらには資本市場からの注目を集めている。

電子決済と密接に関連している「团购」は、インターネットの発展と共に2010年以降に多数のサイトが登場した。その低価格と商品の多様性に魅力を感じた多くの人々が、他のユーザーと共にオンラインで「団購」を行い、電子決済で支払うことを選ぶようになった。

コロナの時期にロックダウンした上海では、同じマンションの住人同士がネットで連絡し、「团购」で頻繁に食材を注文した。「团购」は生きるための「生命線」になっている。この時、安さを追求するのではなく、大勢の人の力で食材を確保しようとしている点がポイントである。日本人には「团购」という発想と行為はありえないだろう。買い物は、やはり個々の意思で決めているのではないか。

80. 毒鸡汤　du ji tang　ドゥ ジー タン　詐欺がひそむ誘惑的な話

本来は「心灵鸡汤」という言葉があり、「鸡汤」は栄養たっぷりの鶏肉のスープのこと。「心灵鸡汤」は心に響く言葉という意味だ。

「毒鸡汤」は、一見「心灵鸡汤」に似ているが、実際にはマーケティングや詐欺のメッセージを隠したテキストコンテンツを指すインターネットスラングだ。

ソーシャルネットワークの登場により、多くの「心灵鸡汤」を作り出していたウェブサイトは、その性質を変え、「毒鸡汤」になってしまった。「毒鸡汤」の内容は多岐にわたり、広告情報の真偽を見分けることは難しい。さらに驚くべきことに、ネットユーザーがこれらの「鸡汤」を共有することを促されるだけでなく、その背後には詐欺の連鎖が隠れている可能性がある。

81. emo エモ エモい

「emo」とは、英語の「emotional」を短縮した言葉だ。「emo」は、2020年頃から日本と中国のネットで同時に流行している。日本では「エモ」や「エモい」と表現されるが、日本語と中国語ではニュアンスに違いがある。

元々はエモーショナルな音楽スタイルを指す「emo」だが、中国のネットでは「憂鬱」「悲しい」といった意味合いで使われるようになった。悲しい気持ちでは、さまざまな不安定な情緒が「emo」と表現される。

中国では、「emo」は負の感情を発散するためのキャッチフレーズとなっている。将来性に幻滅しても、感情的に挫折しても、寂しくなったり、悲しくなったり、落ち込んだり、老け込んだり、いつでも「emo」を言い出す。つまり、マイナス感情を表現するときに使う。

「エモい」の意味合いは、若者の間で浸透している俗語「ヤバい」と似ている。感情が揺さぶられたとき、予期せず感動したとき、とりわけ心地の良い懐かしさや良質なセンチメンタルに襲われたときに使うようだ。

ノスタルジック、懐かしい、郷愁的、感傷的、レトロ、感動的、哀愁漂う、得も言われぬもの悲しく、しみじみする感じである。現代の日本と中国、若者共通の流行り言葉は、これから増えてくるのではないかと思っている。

82. 神仙打架 shen xian da jia シェン シエン ダ ジャ ハイレベルな戦い

「神仙打架」とは、非常に優秀でハイレベルな人々や物事が競争する状況を指す。「神仙」は仙人を意味し、「打架」は通常は殴り合いを意味するが、この場合はポジティブな意味合いで使われ、素晴らしい競争を表す。この表現は、非常に有能な人々がテレビやネットのコンペティション番組で競い合う様子の描写にも使われる。

83. 尾款人 wei kuan ren ウェイ クァン レン ローン地獄に落ちる人

「尾款人」とは、多くの商品を購入し手付金を支払った後、残りの支払いに苦労する人々を指す言葉だ。これは、購入意欲は高いが、最終的には経済的に厳しい支払いを強いられる状況を表している。例えば、家を購入し頭金を支払った若者が、残りのローンを生涯にわたって返済する必要がある場合などだ。

このような「尾款人」は決して少なくない。

84. 抄作业　chao zuo ye チャオ ズオ イエ　人の宿題を写す

「业」という字は、日本語で「業」を意味する。「作业」とは宿題のこと。「抄作业」は元々、他人の宿題の答えを丸写しする行為を指していたが、学校では許されない行為である。現在、「抄作业」の意味は拡がり、例えばゲーム業界においては「大手企業の戦略を参考にしてゲームを模倣すること」を指すようになった。オンラインショッピングでは、何を購入すべきかわからない時に、他人のショッピングカートを参考にすることも「抄作业」と言われる。

2021年、世界中がコロナ感染拡大の中、「抄作业」は新たな意味を持った。ある時期、ほかの国々ではかなりひどい感染拡大が見られたが、中国はコロナをうまく抑えていたと自慢していた。その時、中国は「中国の宿題を丸写ししないの？」とアメリカなど他国を揶揄したのだ。「中国を見習わないのか？」という意味だ。コロナへの対応は国ごとに異なるので、「抄作业」するのはあまり現実的ではない。

85. 隐形贫困人口　隠れた貧困層

yin xing pin kun ren kou
イン シン ピン クン レン コウ

「隐形」とは、姿を隠す、姿を現わさない、外からは見えないという意味。「贫困人口」は「貧困人口」、貧困層であること。「隐形贫困人口」とは、「隠れた貧困層」だ。毎日よく食べて飲んで遊んでいるように見えるが、実は経済的に困っている人たちのことを指す。若者に多い。「隐形贫困」は、むしろ自制心のない消費の結果である。彼らはもともとお金がないわけではなく、ただ多く消費しているだけなのだ。

「隐形贫困人口」は、その多くが収入には困っていないのに、経済的に厳しい状況に自らを追い込んでいる人々のことを指す。彼らはスキンケアや衣食住に妥協せず、高級スーツを着用し、世界的ブランドのシャネルを愛用し、家賃の高い住居に住んでいる。このような「隠れた貧困層」の消費行動は、技術革新と密接に関連しており、グローバリゼーションの副産物とも言える。元々、過剰消費はアメリカの生活様式であり、社会が豊かになるにつれて、中国の若者たちはアメリカのライフスタイルに憧れ、それを実践するようになっている。

「今朝有酒今朝醉、明日愁來明日愁」という中国語の言葉があり、日本語の「今日は今日、明日は明日の風が吹く」の意味と似ている。「今朝酒有れば今朝酔い、明日愁い来たれば明日愁えん」ということ。「隐形贫困」の原因は「今朝有酒今朝醉」を消費観念として実行していることだ。また、「隐形资产家」「隐形独身者」「隐形肥满者」等々、様々な言い方がある。

86．不吹不黑　bu chui bu hei ブ チュイ ブ ヘイ　公正に評価する

「黑」は日本語の「黒」。ここでの「吹」は、中国語の「吹牛」

で、日本語で言うとほらを吹く。「牛」は牛皮のことで、牛皮を膨らますには大きな力が必要なことから、大きなことを言うこと。「黒」は本来色を表す名詞だが、ここでは動詞となる。相手を小馬鹿にしたり、わざと見下したり、誹謗中傷や攻撃をすること。因みに、「黒社会」はやくざのこと。

「不吹不黒」は、自慢したり、中傷したりせず、事実を伝え、事実に基づいて、出来事や人物を客観的かつ公正に評価することを意味する。通常、文章の冒頭で使われ、その後に評価や意見が続くことで、自分の発言に説得力や信憑性を持たせることができる。もちろん、明らかに自慢しているのに、自慢していないと言う人に悪用されることもあるし、むしろ、人との親密さや信頼感を高めるために使われることもある。

87. 窜访　cuan fang ツァン ファン　非公式に訪問する

「窜访」を日本語で書けば「竄訪」。ペロシ米下院議長が2022年8月初めに台湾を訪問した際、一つの流行語が生まれた。「窜访」という。この言葉は辞書に載っていない。竄とは、(匪賊・敵・獣などが)慌てて逃げ去ること。「流竄(るざん)」という言葉がある。日本語で、遠地に追放して流すこと。中国語で、動き回って逃げること。この言葉は、自分に敵対する人物をスキャンダルにするために作られたものらしい。中国の政府にとっては、ペロシ米下院議長の台湾訪問は許しがたい行為だそうだ。ネットでは、おおむね笑い話で、「私はあなたの家へ『窜访』」のような言い方をする。

一般に政治家の海外での行動は、親善訪問、国賓訪問などと表現されるが、敵対する人物であれば、その人物がネズミのように行ったり来たりしていると表現するために、「窜访」が使われるようになった。

「窜访」という言葉から、中国マスコミの報道姿勢がみえる。時には感情的になってしまい、あまり客観的な態度が取れない。本来なら、マスコミは敵対的な感情表現をしてはいけないものだ。

88．文化数字化 wen hua shu zi hua ウェン ホワ シュ ツ ホワ 文化のデジタル化

数字化とは、デジタル化。つまり、文化をデジタルで記録・活用する。2022年5月に中国政府が発表した「国家文化デジタル化戦略の実施推進に関する意見」は、文化産業のデジタル化に関する要件を国家レベルで定めた指針である。この「意見」の目標は、第14次5カ年計画の終了までに基本となる文化デジタルインフラを構築することであり、2035年のビジョンは、包括的な国家文化データシステムと中華文化の全景を形成することである。

デジタル化によって、中国の古典文化の流通と普及を加速させることが目的であり、「新文化インフラ」は国家戦略となっている。文化デジタル化戦略では、関連する放送ネットワークやデータセンターの建設を加速させるとともに、文化観光や文化消費などの分野への投資を促進させる予定だ。文化産業のデジタル化は、経済的だけでなく、より深い社会的な変化をもた

らした。

中国の古典によると、文化は「道」に、技術は「器」に似ており、両者は明確に区別される。現代では、文化とテクノロジーが双方向に、そして革新的に密接に影響し合っている。新技術から派生した新産業は、技術産業の特性だけでなく、文化産業の特性も持ち、文化産業と技術の境界があいまいになっている。

文化のデジタル化は、文化の普及に一役買うはずだ。「文化数字化」は一つの「文化革命」だ。もちろん、昔のような文化破壊の「文化大革命」にならないように注意する必要がある。

89．零容忍　ling rong ren リン ロン レン　許容範囲ゼロ

「零」は日本語の「零」と同じだ。「零容忍」とは、その名の通り、許容範囲ゼロ、容赦なしという意味だ。「零容忍」は、スローガンとして、中国では多くの分野・領域で使われるようになり、さまざまな「零容忍」政策はますます注目され、議論されるようになっている。

「零容忍警務」という言い方がある。警察が、軽微な犯罪、特に公序良俗に反する犯罪に対して強力な取り締まりを行うことで、より深刻な犯罪を防ぎ、最終的に犯罪率の減少に繋げるという警察活動のあり方を中心とするものである。

「零容忍」は、中国のテレビのドキュメンタリーのタイトルでもある。中央政府機関と中国中央テレビ（CCTV）が共同で制作し、CCTV総合チャンネルで2022年1月15日から19日まで

20時00分に放送された5部構成のテレビ特番だ 。このドキュメンタリーは、中国共産党の包括的で厳格な党の統治と、腐敗撲滅の推進を物語る。

腐敗に対しての「零容忍」はいいけれど、ウイルスに対しても「零容忍」というのは非現実的だ。かつて中国はコロナ「零容忍」対策が続けられていた。

それで、人々からは「零容忍」対策に対して、「零容忍」の言動が続々と出てきた。中国各地でロックダウン期間中に、ネットで次のような言葉を見かけた。「私たちの生活に最大の脅威をもたらすのはウイルスではなく、基本的な自由が束縛され、正常な社会生活が踏みにじられることである」。

90．外巻侠 wai juan xia ワイ ジュアン シャ フロンティアスピリット

「巻」は、日本語の「巻」。中国のネット言葉は急速に変化していて、一語は万語に通ずということになる。「内巻」の後に「外巻」という言葉が誕生した。「外巻」とは、新たな資源を外に求めることを意味するネット用語だが、今では「内巻」を止めるために内部対立を避けて団結しようとすることを指す。

「外巻」は、外側に広がることで新たな資源を探索することだ。ケーキを切ることを例にとると、「内巻」は「みんなが自分の前にある限られたケーキを取ろうと奪い合うこと」、「外巻」は「新しいケーキを探すこと」「新しいケーキを作ること」を意味する。

さらに、「外巻侠」という言葉も誕生した。あるネットユー

ザーは、定期的に履歴書を求人会社に送っているが、目的は仕事を探すことではなさそうだ。面接に合格した後、希望する給料について尋ねられると、毎回、会社の給料が低いことを指摘し、必ずその会社に圧力をかけて、会社が給料を上げるよう促す。

このような人物は、「外卷侠」として知られるようになった。「侠」とは「侠客」を指し、強者をくじき、弱者を助けることを目的とする「任侠を掲げる渡世人」のことだ。つまり、内部競争ではなく、自らの強さで社会に影響を拡大していく人物が称賛されるのだ。しかし、履歴書を提出しながら合格しても実際には就職しない行為については、賛否が分かれている。

91．打call ダコール　推しを応援する

「打call」という言葉は、日本のコンサートライブ応援文化に由来する。観客が音楽のリズムに合わせ、一定のパターンに従って声を出したり、光る棒を振ったりしてステージ上の表現者と対話する自発的な行為を指していたが、その後、掛け声や声援、応援の意味に発展していったと言われる。

Callは「コール」である。この言葉には独特のニュアンスがある。応援活動はポジティブなエネルギーを伝えるわけで、人気が高まる。「打call」は本来、「好きなアイドルを応援する」という意味だが、相手はアイドルではなくてもいいので、誰かを応援する時に使用される。改めて、中国と日本の若者には、共通する流行言葉が多いと認識した。

92．不忘初心 bu wang chu xin ブワン チュー シン 初心忘るべからず

日本人には、「初心」という言葉は親しい存在だろう。現在中国では、「不忘初心」という言葉がよく使われている。「初心忘るべからず」という意味である。「不忘初心」という言葉は、唐の白居易（はくきょい）の詩「画弥上生帧記」で初めて使われたことが知られている。「初心を忘れず、必ず初志を遂げる」と。つまり、初心を忘れなければ、やがて初志貫徹できるのである。

しかし、現在中国で使われている「不忘初心」は、政治的な意味を持つようになった。2017年の第19回党大会の報告で、「中国共産党の初心と使命は、中国人民の幸福と中華民族の再起のために働くことだ 」と権力者が宣言した。これは確かにスケールが大きな「初心」だ。それで、マスコミでも民間でも「不忘初心」は流行言葉になった。常識的に考えれば、人にはそれぞれの人生があり価値観は違うのだから、「初心」もそれぞれがあるはずだ。民間人の「初心」は何だろうか、取材してみたくなる。

93．想吃鱼了 xiang chi yu le シャン チー ユー レ 魚を食べたくなる

「想吃鱼了」は、文字通りには「魚を食べたくなる」の意味だが、ネットではまるでヤクザの脅し文句のように使われている。というのも、このフレーズはもともと2023年に中国で人気を博した警察とヤクザが戦う題材のテレビドラマ「狂飙」の中

のセリフ「帮我找到老默，告诉他我想吃鱼了（老黙（人名）を探して、おれは魚を食べたくなると伝えてくれ）」に由来する。「相手の態度が気に食わず、もう爆発寸前」という感情を表しているからだ。本来はシンプルなフレーズであっても、それぞれの場面によって大きくニュアンスが変わり、陰湿な怒りを込めて「想吃鱼了」と言えば、今すぐにでも八つ裂きにしてやりたいといった思いを突きつけることになるだろう。中国ドラマの中のヤクザはよく隠語を使う。「想吃鱼了」はその一つだ。

「想吃鱼了」、この言葉は曖昧でありながらもドラマチックな表現であるため、ネット上で急速に広がった。特に怒る時に言う。「想吃鱼了」は、暴力的な言葉（「死ぬ」や「殺す」など）を避けられることで、若者にとってネット上で便利な言葉になっているようだ。

94．退！退！退！ tui tui tui トゥイ トゥイ トゥイ 下がれ、退け！

2022年12月8日、上海の雑誌「語言文字週刊」編集部は、2022年の「ネット流行語トップ10」を発表した。その中で、「退！退！退！」がある。「撤退」「退散」という意味だ。

駐車スペースをめぐって、車の所有者と露店の出店者の女性が口論する様子を記録したネット動画がある。映像の中で、女性は相手の問いかけに答えず、足を踏み鳴らし、手でフェンシングの動きをしながら「退！退！退！」と叫んでいる。

映像を見て、理不尽さを感じながら、それをどう表現したらいいのかわからない。相手を引き下がらせようとしているように見えて、実は自分が引き下がるためのステップにもなっているようだ。

中国では、道端に露店を出す人が多い。社会の底辺にいる彼らは、屋台で野菜などを売ったりすることでしか生活できない。しかし、露店の位置が他人の空間を占拠しているため、しばしば口論になる。退散するしかない。「退！退！退！」、この独特のポーズは、悪霊を追い出すための呪文を唱える伝統的な民間伝承に似ているため、ネットユーザーたちが真似をするようになり、関連の絵文字もネット上で広く出回っている。

「退！退！退！」は、対立をごまかすための言葉だったが、その後、ひどいことや悪いこと、人生におけるあらゆる悪事を解消したいときにも使われるようになり、抵抗などの感情を表す流行語になった。例えば、コロナに対しては、「退！退！退！」、悪者には「退！退！退！」、不運には「退！退！退！」とすればいい。

95．电子榨菜 dian zi zha cai ディエン ズー ザ ツァイ 電子ザーサイ

「电子」は日本語の「電子」、「搾菜」は中華料理のザーサイである。「电子榨菜」は2022年のネット流行語トップ10の一つで、食事中に見る動画や、聴くオーディオブックのことだ。「榨菜」は「食事のお供」だが、多くの人は「味が単一」で「栄養が足りない」と思っているだろう。「電子搾菜」の人気は、本当の意味での文化の盛宴（せいえん）をもたらすとは考えにくく、むしろ若者をインターネット中毒にさせ、対人コミュニケーションを減少させるのではないかと心配する声もある。

しかし、若者の意見では、「电子榨菜」であるためには、それなりの特徴が必要であり、食事の時間も一定の情報が得られるという。テイクアウトした料理を食べる前にiPadや携帯電話をセットするのが若者の「新しいトレンド」になっている。

「电子榨菜」の登場は、一人暮らし人口の増加という社会現象も表している。民政部（中国の政府機関。日本の総務省に相当する）のデータによると、中国では2018年に7700万人以上の成人が一人暮らしをしており、2022年には1億人を突破すると言われていた。一人暮らしをすると、どうしても孤独を感じてしまうものである。心理学用語に「代償法」というものがあるが、これは満たされない欲求によって引き起こされる痛みや虚しさを緩和し、薄めるために、代替的な補償行動をとることを意味する。「电子榨菜」は孤独の補償行動かもしれない。

「电子榨菜」は、実際に食事を美味しくするのだろうか？科学的な観点から見ると、食事の味は変わらないものの、食事の際の気分は変わる。若者たちは「电子榨菜」を使うことで、仕事などのプレッシャーやストレス、孤独という現実から一時的に逃れる「桃源郷」を創り出している。

96．人矿　ren kuang レン クァン　消耗品としての人

「矿」は、「鉱」で鉱物、鉱石のこと。「人鉱」は、人間を鉱物に、つまり資源としてたとえることである。「人鉱」という言葉は、1984年に官製メディア「人民日報」に初めて登場し、資源としての人間を指していたが、今では中国のネットユーザーによっ

て「消耗品として生まれ、使われる人間」という意味に拡張されている。まるで、「石油の製錬、燃え盛る熱を使い果たし、最後にはわずかなスラグ（鉱滓［こうさい］）しか残らない」「人は採掘して使い捨てられる鉱物として扱われる」のような意味合いがあるのだ。「人矿」についての解釈はますます悲観的になっていく。

20年間勉強し、30年間ローンを払い、20年間病院に入院した、生まれたときから消耗品として使われてきた人たちのことを指す。「人矿」たちは、搾取され、利益を搾り取られる。「人矿」とは、人間が資材・資源であること、自分が望む人生を追い求めるのではなく、他人のために自分の人生のエネルギーを使い果たす。

コロナの時期、海外移住の方法について議論した「潤学」の人気に続き、2023年の初めから「人矿」が一時、ネットの検索リストの上位を占めた。しかし、その後、ソーシャルメディアではブロックされ、「敏感語」となってしまった。おそらく当局は、そのような悲観的な流行言葉が社会不安をもたらすことを懸念しているのだろう。

かつて中国の宣伝活動では、国民を物にたとえる表現が用いられた特徴がある。昔、国民一人一人が国家建設においてネジのような役割を果たすべきだとされたり、国民がレンガとなって国造りに自らの人生を捧げるべきだという表現もあった。

97．我酸了　wo suan le ウォ スワン ラー　私は酸っぱくなった

「我」は「わたし」のこと。「我酸了」とは、皮肉や嘲笑を表

すネット流行語である。「心里酸溜溜」という言葉がある。心の中の酸っぱい、嫉妬、焼きもちなど感情を表現する。「我酸了」は「心里酸溜溜」（心が酸っぱい）という表現の省略形でもある。「酸」を「レモン」に置き換えることもある。「酸」は本来形容詞だが、ネット上の「我酸了」の「酸」は皮肉を言い、嘲笑するという動詞として使われる。活用型もある。例えば「別酸我了」は「皮肉だけはやめてね」という意味である。

98．瑞思拜　rui si bai ルイ スー バイ　リスペクト

「拜」は、日本語の「拝」。「瑞思拜」は英語の「respect」を音訳したもので、尊敬を表す言葉だ。この言葉は歌手たちの間で流行し始め、やがてファンの間でも使われるようになった。その意味は「素晴らしい兄貴、仏のような人」と進化した。ラッパーたちの人気と共に、視聴者の間で広がり、ネットのコメント欄で頻繁に見られるようになった。

「微博」をはじめとするSNSでは、「瑞思拜」が頻繁に使われている。日本語には外来語のカタカナが増えているが、中国語においても、英語の発音をそのまま使った単語も作られている。

99．烟火气　yan huo qi ヤン ホゥオ チー　人の暮らしの匂い

「烟火气」の漢字を日本語に変えると、「煙火気」である。「烟火气」は古代漢語に由来し、本来は「食べ物を調理するときの

匂いと煙」を意味する。現在、ネット流行語としての「烟火气」という言葉は、生活の中の活気やエネルギッシュな雰囲気を指す言葉として使われている。

「烟火气」は、大学入試の小論文のテーマにもなった。その言葉通り、「烟火气」は温もりと平和であり、大切に守り、ひたむきに努力することが必要だ。2022年、天津市の大学入試の小論文問題の一節は、「烟火气」の意味を詩的に解釈している。「『烟火气』は家族の団欒、灯りは大切、『烟火气』は国の繁栄、平和な時代、『烟火气』は大切に守るべき温もりと平和、そして大切な人への献身である。普通の煙火は最も美しい風景である」。

「烟火气」は日常の中では、些細な生活の様子であるが、このような人生の味わいもあるからこそ、私たちには親しみやすく、愛すべき側面もあるのだ。「烟火气」は、やはり人生の哲学であり知恵である。

中国の人生観は、衣食住が揃い、平和で安心して暮らせる限り、それは人生の大きな恩恵であり、円満な人生であるとしている。そして、コロナが人々の普通の生活を阻害している日々、「煙火気」への欲求は計り知れないものがあり、それが社会的な流行語になった理由だろう。

鴨長明の『方丈記』に記されている通り、仁徳天皇は民家の竈（かまど）から立ち上る煙が少ないことに気づき、民の暮らしを案じて年貢を免除したという。古来より、「煙火気」は民生を映し出す鏡であった。

100．看戏　kan xi カン シー　ほくそ笑む、傍観する

「戏」は、日本語の「戯」。「看戏」とは、本来は観劇の意味である。この言葉から派生して、ほくそ笑む、傍観するという意味も生じている。ドラマを見るように、出来事の展開を傍観し、自身がそれに巻き込まれないようにすることだ。

通常、このような考えを持つ人は、「面倒なことに巻き込まれるのが怖い」と感じているため、自分の態度を隠し、少し距離を置いて静かに様子を見ているのだと思われる。中国の街中では時々喧嘩が起こるが、多くの人はただそれを見ているだけで、積極的に止めようとする人はほとんどいない。ただ「見物」するだけで、自分に迷惑がかかることを恐れているのだ。

「有好戏看」という言い方もある。この言葉は、まったく異なる気持ちを表現することができる。ひとつは、素晴らしい舞台を観ること。もうひとつは、他人の難局を見て喜ぶ気持ちである。あるいは、複雑な気持ちで予期せぬ事態が発生するのを待つ。因みに、日本語では似た表現として、「高みの見物」という言葉がある。

4．コロナに関連する新中国語13

2020年から3年間、中国のネット上やマスコミで、コロナ関連用語がどんどん出てきた。私は毎日のように、それらの単語が目に留まった。そして、コロナ関連情報をチェックし、日本と中国の感染状況と対策を比べたりしている。将来、中国のコロナに関する歴史は、これら流行語を抜きにしては語れない。

これらの言葉を目にすれば、コロナ及びロックダウンによる不安と苦しみを思い起こすに違いないと思う。この間、中国の出版社の方とコロナについて話し合った。その人はコロナのことを「恍若隔世」と言っていた。この中国語熟語の意味は「さながら隔世の感がある」。なるほど、コロナはすでに「歴史」になったのか。つまり、コロナ3年間で、ロックダウンとか、武漢の災難とか…皆が忘れたみたい…皆がすでにさまざまな新しいことに興味を持っている。前向きはいいのだけど…この3年間、ウイルスが人類に与えたものはものすごく重みがあるではないか。

私の考えでは、コロナは消えたわけではなく、ある意味「進化」し続けている。中国でも日本でも、コロナの3年間は、新しい歴史として忘れられるわけがない。今後も記録、検証する必要があるのではないか。ワクチンをも含めて、10年後、20年後、新たな事実が出てくるかもしれない。そういう思いから、コロナに関連する「新中国語」を記録しておこうと思った。

1. 疫情　yi qing イーチン　コロナの流行状況

疫病（コロナ）の流行状況を「疫情」という。「疫情」には「国内疫情」と「海外疫情」がある。

2. 疫政　yi zheng イーチョン　コロナ政策

「疫政」とは、疫病に関する政策と政治。3年間、中国のコロナ対策は、政府の主要政策・指針となり、多くの都市でロックダウンなどの対策が長期間にわたって実施されていた。人々は多大な不便をこうむった。中国には、「苛政は虎よりも猛し」ということわざがある。苛酷な政治が人々に与える害は、虎の害よりもひどい、ということ。悪政を戒めることだ。

3. 新増　xin zeng シンゾン　新規感染者

「増」は日本語の「増」、「新たなに増加」ということ。日本語で「新規感染者」のこと。かつてコロナの時期、中国の各地方政府とマスコミは、毎日朝8時頃に「新増」を発表していた。一方、ある時期、日本の新規感染者数は、曜日によって増加あるいは減少の傾向があった。月曜日が少なく、木曜日は多い。PCR検査の結果を集約するまで3日程度かかるためだ。日本では速やかな分析や対策の判断は難しいのではないか。

4. 清零　qing ling チンリン　感染者ゼロ

「清零」は、本来、リセットするという意味合いがある。コロナの時期は、感染者がゼロになることを指す。中国の社会世論は「清零」に執着を持っていた。感染者がゼロにならないと、人々は安心できないという。感染者がちょっとでも多くなったら、恐怖心を持つはずだ。コロナの時期、東京では、コロナの新規感染者が「1日500人」で緊急事態宣言を解除したことがある。日本と中国は、同じウイルスと戦っているはずだが、認識の差があまりにも大きい。

5. 密接　mi jie ミージエ　濃厚接触

親密に接触すること、日本語の「濃厚接触」に相当する。中国では、一人が感染すると、隔離される「密接」の人が大勢出る。「密接者の密接者」は、「次密接者」になる。例えば、コロナ流行の最中、北京で2人の感染者と5人の無症状感染者が報告されたが、これは家族のクラスターだという。当初、濃厚接触者は432人だった。中国の濃厚接触者の判断基準は、日本より厳密に違いない。また、中国では、人と人の社会的距離（ソーシャル・ディスタンス）が日本より近いとみられる。

日本では、会社で感染者が出ても、職場に濃厚接触者がいないと判断されることも普通らしい。家庭の中で、夫がコロナ陽性であっても、妻は陰性かもしれない。日本では、もともと人同士の間、親族関係の人たちでも、中国人と比べ距離を置く習慣があるのかもしれない。

6．流调　liu diao リュウディァオ　コロナ感染者の活動経路などを含めた疫学調査

「流调」は、感染病・流行病学調査の略称。感染を抑制するためには、感染源を知り、誰が感染しているかを調査する。この仕事を「流调」という。一人一人の感染者に対し、中国の地方政府が厳格に感染者の行動範囲を調査し、その情報を公開する。感染者がかつて滞在した場所は、人々が避けるようになる。感染者の活動経路などを含めた調査内容が公開されると、ネット上に「流调からは人の性格から人生の軌跡まで丸ごと見える」というコメントがあった。

7．弹窗　tan chuang タンチュアン　ポップアップ

「窗」は、窓。日本語で窓口のこと。「弹窗」とは、Webページやソフトウェア、モバイルアプリなどを開いたときに自動的に表示されるウィンドウのことだ。日本語で言えばポップアップ。主にWebゲームや広告に素早くアクセスできるように仕上げられている。パソコンの画面に唐突に表れる「窓」である。

中国政府部門の国家インターネット情報局は、ネットユーザーからの不規則で過剰な「弹窗」など、ネットワーク通信の秩序を乱す問題について強い懸念を持ち、2021年8月27日、モバ

イルアプリケーションPUSHポップアップに関する問題の是正措置を開始することを決定した。

一方、中国のコロナ対策のうち、携帯画面の「弾窗」は人々に「悪夢」を与えたようだ。携帯電話に、「あなたは感染リスクの高い地域に行ったことがある」と突然に知らせてきて、外出できなくなる。「弾窗」された人が社区（コミュニティ）に報告しない場合、自身でPCR検査をしても制限が解除されない。感染地域に滞在した履歴がない14日間が経過するまで自宅待機となる。

8. 时空伴随者 shi kong ban sui zhe シーコンバンスイジャ 時間・空間的にともにいた人

「时空伴随者」の「时」は、日本語の「時」。2020年に新型コロナ感染が発生して以来、感染が続いており、中国では、多くの新しい新型コロナ対策の言葉が生まれてきた。例えば、「密切接触者」（濃厚接触者）など。コロナの時期、「時空伴随者」という新しい言葉が登場した。

「時空伴随者」は、感染者と携帯番号との照合で、同じ時間と空間のグリッド上で、800m×800mの範囲内に10分以上一緒にいて、過去14日間に累積して30時間以上「危険な空間」にいた人のことを指す。2021年11月の初旬、四川省の成都で感染例が発見されて以来、当局はビッグデータの情報を用いて感染者の足跡をマッピングし、関連する人々を大規模に探した。時間的・空間的に同伴し、感染の危険がある82,000人を発見した。つまり、「時空伴随者」をあぶりだした。

9．阳康　yang kang ヤンカン　コロナ陽性から回復

「阳」は、日本語の「陽」。コロナの感染陽性から回復した後を「阳康」という。

ポストコロナ時代、中国人全体が「陽康」の状態になっているのではないかと思われる。コロナ感染した後、60歳以下の人はほとんど回復したが、高齢者は亡くなられる方が多かった。中国では、コロナでどのくらいの人がこの世を去ったのか、正確なカウントはされていないようだ。

中国のコロナ対策が解除された後、ネット上では、「阳康」の後に体力を回復させるためのアドバイスがたくさん出てきた。コロナの後遺症もさまざまである。コロナ感染者の中には、「阳康」の後も疲労感、咳、胸の圧迫感、息切れ、パニック発作、不眠、心拍数の上昇などの症状を訴える人がいるため、中国の医療機関で「陽康」対象者に合わせた特別検診パッケージが行われていた。

10．新能源人　xin neng yuan ren シンネンユアンレン　PCR検査を随時受けている人

中国語の「核酸」は、すなわちPCR検査。コロナの時期の、中国の人々のライフスタイルになっていた。どこでもPCR陰性証明が必要だった。

「能源」とは、エネルギーのこと。「新能源人」とは、3〜5時間ごとに指定された場所に行ってPCR検査を受け、スマホアプ

リの「健康コード」に「緑色」を常時表示させなければならない人のことを指す。「健康コード」なしには公共交通機関も使えず、オフィスビルやショッピングモール、マンションの敷地にも入れず、買い物や食事すらままならない状況である。

因みに、「健康コード」が「赤」あるいは「黄」になると、それぞれに14日間、7日間の隔離を意味する。だから「新能源人」は「緑」を保つために、PCR検査を随時受けている。「私はもうすぐ賞味期限切れ」は「新能源人」の口癖になっている。ある中国在住の日本人の知人は、「朝5時にPCR検査を受けるのが日課になった」と言った。その方の中国での適応能力に、非常に感銘を受けた。

11. 静默期　jing mo qi ジンモーチー　静かに待機する期間

「默」は、日本語の「黙」。2022年6月に、ようやく上海のロックダウンが解除された。実は、解除される前に、「静默期」という期間があった。4月から5月中旬まで、ロックダウン中の上海で、感染人数はだんだん減ってきたとはいえ、封鎖が一気に解除されるわけではなく、そのまま静かに待機する期間が必要だとみなされていた。

上海では地域によって「静默期」の時期や対策が異なる場合があり、静黙期間中は住民によるネットでの注文や宅配便の受け取りができなくなり、団体購入でも配達がすべて停止された地域もある。これは、人々の生活に大きな影響を与えた。

住宅地は相変わらず厳重に管理される。PCR検査以外は、住民は「外出禁止」。宅配物があったら地域ボランティアによって玄関に届けられる前に厳格な消毒が行われる。

また、仕事に復帰する人には、「静默期」にも「1日2回の検査」（午前は抗原検査、午後は核酸検査）が必要とされる。もともと「静默期」というのは、株式取引に関連して使われる言葉である。上場初日前の一定期間や上場後数週間の間、企業が一般に情報を公開せず、沈黙を守る期間のことを指す。

12．大白　da bai ダーバイ　白い防護服を着た人

コロナ対策が厳格な時期に、中国では、毎日、どのぐらいPCR検査が行われたのか、その統計がない。PCR検査には、大勢の検疫スタッフが必要だ。彼らの姿は、時代の象徴的なものになった。

「大白」は、PCR検査など検疫を担う人たちの呼び方だ。もちろん、大白は主に医療従事者だ。「大白」は全身白い防護服に包まれている。「大白」が身につけるものは頭からつま先まで、以下の装備が必要である。

①一体型の防護服　サイズは各種ある。

②ヘッドギア　一般的に、長い髪をアップにした女性に適している。

③医療用ゴーグル

④フェイスシールド　鼻と口を保護し、対面でのコミュニケーションから空気を遮断する。

⑤シューズカバー　一体型の防護服と組み合わせて、完全防備が可能。
⑥医療用グローブ

しかし、コロナの時期には、警察、ボランティア、陽性者も医療従事者と同じように一体型の「大白」防護服を着ていた。時には、「大白」姿の警察官が封鎖を突破しようとする人々を追い払っている。また、時には小さい体の「大白」もいる。陽性と診断された子供がかさばる防御服を着て、親と離れ一人で隔離場所に行く姿は可哀想に見えた。さらには、ネットで、任務に向かう「大白部隊」の大行進を見てショックを受けることもある。これは、コロナ時代の中国を象徴する景色だろう。

13．二阳　er yang アーヤン　コロナ陽性2回目

2023年以降、2回目にコロナ陽性になる人が増えている。この人たちのことを「二阳」と言う。「二阳」は「二陽」。

ただし、職場で「二阳」の人がいても、症状が軽いなら普段通り一緒に仕事をする。中国人の適応能力は比較的高いと言える。3年前、あんなにコロナを恐れていたのに、今は全然心配していないようだ。そして「三阳」の人もいる。そういう意味で、人類は長期間、コロナウイルスと共存しなければいけない。

コロナ禍とコロナ化

「コロナ禍」は、2020年以来、ネットとマスコミでよく見かける言葉である。多くの方がすでに無意識にこの言葉を使っていると思う。この「禍」という言葉に違和感を覚えた。最初、「禍」の読み方すらわからなかった。調べてみたら、「か」と読む。わざわいを意味する言葉である。

「コロナ禍」という表現には、感情が入りすぎているのではないか。自然災害の多い日本は、ウイルスに対し、ほかの国よりもっと凛とした姿勢で臨むべきではないか。中国語には「禍害」という言葉がある。人間社会の災いを形容することが多く、災いをもたらす人と事を指す。例えば、中国の「文化大革命」は確かに国家の「禍」である。

ただ、今回のコロナを「禍」とすると、感染した人は被害者なのに、ウイルスと一緒に「敵」と見なされてしまう恐れがあるのではないか。コロナに感染した有名人や所属団体から相次いだ「謝罪」に対しても違和感を禁じ得ない。感染者には罪がないし、ウイルスにも罪がない。

コロナ感染拡大の中、「コロナ禍」という言葉によって、感染者にさらなる精神的なプレッシャーを与えてしまったのではないかと感じる。中国では、感染者の苗字、年齢、性別、おおよその家と職場の住所、移動に使った乗り物などが政府広報メディアに公開されている。皆が感染者のいた場所に恐怖を抱き、極力避けようとする。こんな状態では、ウイルスと感染者を「禍」「害」と扱うと、社会の分断が起きやすい。

「コロナ禍」より、むしろ「コロナ化」のほうがずっとふさわしいと言わざるを得ない。世界保健機関（WHO）のテドロス事務局長は、2020年7月31日、新型コロナの世界的大流行は「100年に一度の公衆衛生上の危機だ。影響は今後数十年に及ぶ」と警告した。さらに、テドロス氏は「抗体検査の初期段階の結果は、世界人口の大半がウイルスに感染しやすいことを示している」として、集団免疫獲得には程遠い現状を伝えた。

2020年の春、「夏になったら、収束するだろう」と思われていた新型コロナが、夏にますます感染拡大の模様をみせていた。未知のウイルスなので、これからどうやって「コロナ化」に向き合うのか、考えなければいけない。「未知の新型ウイルスとの共存」を前提にした新しい生活様式と新しい価値観を築くことが現代人の急務である。映画監督の北野武さんはコロナ感染拡大の初期に、マスコミに「『陽性』前提に生きる」と語った。私たちは今、すでに「日常」と「危機」、「陰性」と「陽性」の間を徘徊しているかもしれない。

過去30年、日本は「平凡な平成時代」を過ごし、中国は改革開放・高速経済成長を果たした。いずれもおおよその平和な時間を過ごした。人類の歴史は繁栄の「盛世」と騒動などの絶えない「乱世」を繰り返す。人生百年、ずっと平和であることは不可能だろう。「乱世」に適応する心の準備も必要かもしれない。

「コロナ化する社会」「コロナのグローバル化」になりつつある。私たちのこれからの人生はずっと「禍」を背負うわけではなく、自然災害に対応できるように、勇気と知恵を絞り出したい。

（2020年8月）

第 2 部

日中文化比較

▶ 日中の新年料理比較

2021年大晦日の午後、私は自宅近くの巣鴨地蔵通り商店街に出かけた。ある店で、おせち料理が販売されていた。見本をみたら、豪華な二重、三重のおせち料理で、元の値段は1万円、2万円だが、それが千円、2千円になっている。大勢の人がおせち料理を買って持ち帰る。私も思わず一つ買ってしまった。

家でおせち料理の説明書を見たら、驚いた。数十種類の食材が成分、調味料などをも含め詳しく解説されている。私は正月に、熱々の海鮮鍋と、冷たいのに栄養バランス抜群のおせち料理を合わせて楽しんでいた。いろいろな食材を詰め合わせているが、不思議に一つ一つ独特な匂いがする。

中国では、大晦日の晩ご飯は「年夜飯」という。子供の時、一年中、「年夜飯」の来るのが待ち遠しかった。「年夜飯」は、大晦日に祖先崇拝の儀式を行った後に食べるもの。食べる前に神を祀り、先祖を祀り、祀りの儀式が終わってから膳を家族で食べる伝統行事だ。

「年夜飯」はとても凝ったもので、ワンタン、餃子、麺、湯円（タンエン）(団子（だんご）のこと。各地方によって団子の中に入れる餡が違う。ゴマ、あんこ、肉、ピーナッツ、フルーツなどいろいろある)などが一般的だ。中国南方では、大晦日の晩餐に欠かせない料理が二つある。一年の豊穣を象徴する頭と尾のついた魚と、団欒を象徴する団子、湯円などである。

見た目を重視し、冷えたおせち料理を味わうのと違って、中国人は春節には熱々の湯気のある食べ物を好む。春節の温かい雰囲気にこだわっている。

正月に食べるものを二つ紹介しよう。一つは年糕（ねんこう）で、中国の旧正月（春節）に食べられる餅である。中国語で、一年成長したという意味の「年高」と読みが同じであるため、縁起物とされる。日本でも中国と同じようにお餅を食べる習慣がある。

もう一つは、長寿麺で、実に日本の素麺（そうめん）と大体同じだ。長寿麺は、100歳の長寿を願って旧正月の元日に食べる麺で、今でも多くのお年寄りが続けている習慣だ。

（2022年1月）

▶「陰翳礼讃」型都市づくりを

2000年に、私は留学生として中国から日本にやってきた。以来、ずっと日本で暮らしているが、日本の夜の明るさにはいまだに慣れない。中国人の家では部分照明で部屋がちょっと暗いのに対し、日本人の家では、部屋全体を明るくする。どうやら日中両国では、「照明文化」が違うらしい。

この数年、エネルギー問題がますます深刻になり、電力需給の逼迫警報とか、計画停電とか、以前には特別だったことが頻繁に発生してしまう可能性が出てきた。しかし、東京の夜の街は依然として昼のように明るい。駅前のロータリーには、カラフルな電飾がひしめき、まばゆい自動販売機が林立する。商業施設やホテルの内部はまさに光の洪水だ。

谷崎潤一郎は、名作『陰翳礼讃（いんえいらいさん）』の中で、日本家屋のトイレ、燭台や漆器など、日常生活における具体例を多く挙げて、日本ならではの「陰翳の美学」として、建物とモノが生み出す影のような波紋や明暗の美しさを称えている。

SDGsの17目標の一つが、「エネルギーをみんなに、そしてクリーンに」であることを考えると、谷崎潤一郎はSDGsを予見していたかのように見えてくる。であるならば、現代の私たちは、「陰翳礼讃」を目指してはどうだろうか。

莫大な電力で世の中を明るく照らし出すことが文明の繁栄を象徴する時代は終わった。すでに成熟期に入っている日本は、伝統文化や美徳の振興に立ち返るべきだ。

現在でも、日本中に、陰翳の美が見られるところがある。先だって京都を旅した私は、改めて目を瞠った。夜の祇園花見小路では、朧げな灯りが夜の石畳を柔らかく照らし、店前の提灯がそよ風に揺れている。そこを舞妓さんたちが静かな足取りで歩いていく。また、神社仏閣や庭園で催されている薪能の、夜の暗闇とかがり火が織りなす幻想的な舞台には、息を呑んでしまった。

SDGsと未来のために、まずは日本が率先して照明のあり方を見直し、「陰翳礼讃」型都市づくりを世界に発信できたら素晴らしいと思う。

（2022年8月）

▶ ディオールの例から考える「文化の盗用」と「文化の流動」

2022年にディオール（DIOR）がウィメンズ・フォール・コ

レクションで披露したミドル丈のスカートが、中国の明時代の伝統的な衣服であるマミアンスカート（両側面にプリーツがあり、巻き付けるように着用するスカート）に似ていると、中国のネットユーザーの間で物議を醸していた。この問題について、現地の多くの中国人留学生がパリのシャンゼリゼ通りにあるディオールの店舗前に集結し、抗議を行った。

抗議のために集まった学生の多くは、マミアンスカートや漢服を着用し、ディオールに対して謝罪と問題となったスカートの販売中止を求めた。この抗議の様子は、ウェイボー（Weibo）やウィーチャット（WeChat）でライブ配信され、数十万人が視聴したという。

中国のマスコミは、直ちにディオールによる「文化の盗用（cultural appropriation）」批判を始めた。「ディオールは、中国の伝統的なマミアンスカートを盗用し、自身のオリジナルなデザインとし、製品表示には中国要素に触れなかった。中国世論の反発を受け、同ブランドは中国語サイトから商品を取り下げただけで、現在まで前向きな対応をしておらず、中国の消費者の気持ちを大きく傷つける行為となった」と強く批判した。

ディオールに抗議した中国人留学生たちは、中国では、まさに英雄と見なされている。この抗議行動は、近年の中国伝統文化に関連する海外に向けた抗議行動の一つに過ぎず、共通するのは、それが中国人のナショナリズムの波を刺激したことだ。

「文化の盗用」が中国のネット上で繰り返し言及されるようになったのは2015年で、2018年に注目のピークを迎えた。当時、18歳のアメリカ人女子高生が、中国のチャイナドレスを着てプロム（ダンスパーティー）に参加した写真をSNSに投稿した。

中国系アメリカ人のネットユーザーから、「私の文化はあなたのプロムドレスではない」と非難され、「文化の盗用」という概念で議論を巻き起こしたのがきっかけだ。

今から見れば、アメリカ人女子高生が中国のチャイナドレスを着ることは、歓迎すべきではないかと思う。「文化の盗用」ではなく、「文化の流動」だと言える。流動するからこそ、文化が広がっていく。

文化の流動はいい刺激の相互作用となるはずで、ファッション・デザインが異なる文化の間を行き来し、敬意を払うことだ。遼・宋の時代にさかのぼり、明・清時代に流行したマミアンスカートのデザインコンセプトは、技術のパブリックドメイン（知的所有権がなく、誰でも自由に使える状態）にあり、いかなる個人または組織団体によっても特許化されていない。権利の主体が存在しないため、知的財産の侵害にもならない。

逆に言えば、ディオールのいわゆる「マミアンスカートに似ているミドル丈のスカート」が定着すれば、ブランドはそのデザインを特許化する権利を有するということにもなる。

現在、中国のファッション業界では、マミアンスカートはあまり取り組まれてなさそうである。マミアンスカートが中国人の服飾の歴史舞台から姿を消したのは、1920年代から1930年代にかけてである。正直言って、今回のディオール騒動がなければ、多くの人はマミアンスカートを知らないだろう。

服飾のデザインが視覚的に類似しているからといって、かならずしも盗用とは言えないだろう。デザイナー同士の争いの場合、他人が自分の作品をコピーしたことを証明したい場合は、自身の思考の源やデザインの全過程を説明することで、オリジナリティを証明するのが一般的だ。しかし、広い意味では、現在のすべてのデザイナーは先人の上に立っていると言えるので、知的財産権の保護はファッション・デザインの分野では共通のジレンマである。

マミアンスカートはグラフィックとして特許を取得しておらず、主流のファッション文化の明白なシンボルではないため、知的財産権保護が申請されていない場合、その文化的要素は「盗用」と定義するよりも「参考」というほうがふさわしい。

ファッション業界のことを言えば、海外文化の取り入れは避けられない。それと同じように、中国のデザイナーも海外の伝統や文化や流行要素の良いところを参考にして、さまざま人の経験を継承し、自分たちのデザインに融合させるわけである。加速するファッション業界の歯車に巻き込まれたデザイナーにとって、異国の文化は最も手に取りやすいインスピレーションの源となっている。デザイナーは各国の文化から学び、新しい要素でイノベーションを起こす。

近年、情報伝達の容易さ、国民的文化意識の向上と相まって、「文化の盗用」と「文化の流動」をめぐる論争が頻発しており、ディオールもそのような論争に巻き込まれたことが何度かある。

今回の騒動は、異なる文化の相互刺激と流動について議論する機会となるべきだ。排外主義ナショナリズム感情の、新しい波を引き起こしてはいけない。抗議するより、議論・交流のほうが重要である。もう一つ、長い間、中国企業は、手っ取り早く利益を得るために、多くの外国企業の製品をコピーしてきたという事実を反省する必要がある。

（2022年8月）

▶ 謝りは文化、それともビジネス？

なぜ、保険会社が謝るのか

この前、勤務している学校に警察から連絡があった。「ある人がレンタカー会社の車を運転して、こちらの専門学校の校舎にぶつかって、壁を損壊した。事故証明を発行する必要があるので、ご協力をお願いします」ということであった。

そして、うちの学校の担当者は警察に協力して、学校の校舎の情報を提供した。損害賠償について、警察に問い合わせたら、「レンタカー会社に伝言しますので、連絡を待ってください」とのこと。しかし、数日待っても連絡が来なかった。そして、また警察に電話すると、今度は警察に「保険会社から連絡します」と言われた。

早速、保険会社から電話が来た。「申し訳ございません、この前の事故でご迷惑をおかけしました」と言われた。でも、なぜ保険会社が謝るのだろうか。この対応は、決まり文句とビジネスライクのような感じだと言わざるを得なかった。本来なら、事故の当事者と車を所有するレンタカー会社が謝るべきではないか。

その後、損壊した壁を修復することも保険会社が手配してくれた。損害賠償は完全にビジネス化している。当事者の顔が見えない。謝る声も聞けなかった。

そういえば、謝ることは日本の企業文化の一部でもあり、ビジネスで何か問題が起きたとき、その大小にかかわらず、謝罪は評判を回復し、悪いことを良いことに変えるために使われる。企業間の取引でも、謝ることは当たり前のように行われている。ネット上には、危機をチャンスに変える方法を教えてくれるビジネス謝罪文の具体例が掲載されている。これは完全に「謝る」のビジネス化だ。

日常的に接する「謝り」が多すぎる

身近なことをきっかけに、「謝り」について考えてみた。日本人は幼い頃から礼儀作法を教えられており、悪いことをしたらすぐに謝るだろう。「ありがとう」「ごめんなさい」という言葉は、家族間でもよく使われる。親もよく子供に「ごめんね」と言う。外で人にぶつかったら、ぶつかった人が謝るだけでなく、ぶつけられた人も「すみません」と謝るのが習慣になっている。

しかし、日常の中で接する「謝り」が多すぎるという感覚もある。仕事柄、普段から接している広告代理店のある男性は、他人に何も悪いことをしていないのに、「すみません」が口癖だ。彼にとっては、「すみません」がほとんど挨拶になっているらしい。

また、不用意な謝りや見下したような印象を与える謝罪事例もある。例えば、ある日本人の友人は、自分の会社にいつも会議に数分遅れてきて、毎回多くの人を待たせている課長がいると言っていた。いつも「ごめんね。忙しくて…」と軽く謝るそうで、あれは実は自分の存在を示すためなのだと友人が教えてくれた。因みに、私も「ごめんね」という言葉はあまり好きではない。

文化の違いは、謝り方にも表れている。ここ数年、日本企業でも外国人社員が増え、いつも謝っている日本人と、謝ることに慣れていない外国人の間で、職場の文化摩擦が起きてしまっている。普段、日本人が謝ることは、補償や責任といった要素とはほとんど関係がない。何かがあって、自分が悪いことをした、過失があったと思ったら、すぐに謝る。一方、海外の人たちは、謝ることは自分が悪い、何らかの責任があるという意味だと感じているらしい。彼らは謝ることより、ユーモアを交えて恥ずかしさを紛らわす。

以下のようなアメリカンジョークがある。

Customer: Excuse me, but I saw your thumb in my soup when you were carrying it.

Waitress: Oh, that's okay. The soup isn't hot.

客：すみませんが、そのスープを運んでくるときに、あなたの親指が入っていたのを見たんですが…。

ウエイトレス：大丈夫です。スープは熱くないのでやけどしていません。

このようなジョークは、日本では考えられないだろう。日本なら、スタッフは直ちに謝るだろう。日本のサービス業界では謝ることが常態化している。日本人にとって、謝罪は物事を正すための手段であり、より良いコミュニケーションのための潤滑油でもある。一方、外国人は、些細なことで謝り合うのは時間と感情の無駄だと感じているかもしれない。

例えば、グローバル企業では、仕事の進め方が悪くてミスをしたときに、上司が改善を促すと、日本人社員はすぐに頭を下げて謝りがちだが、外国人社員は「ありがとう」と言うべきと考え、楽観的、前向きな姿勢を示す。仕事で同僚に助けられたときも、謝らずに「ありがとう」と言うべきだと思っている。

信じられないような不思議な「謝り」もある。政治家や芸能人が浮気をし、その妻が世間に謝罪する。アーティストの息子が罪を犯し、アーティストが記者会見を開き、深々と謝罪する。本来は当事者の自己責任である。このような謝罪は、日本では賛否両論ある。息子は成人しており、自身のしたことに全責任があるのだから、親が責任を取る必要はない、という意見もある。しかし、世論の多くは、やはり息子の不始末は、両親の子育て不足が大きな要因だと考えているようだ。

謝りたくない中国人？

多くの中国人には、謝る習慣はないようだ。ひとつは、責任を取りたくないということ。 謝罪すれば、責任があることを認めることになり、責任を問われることになる。次に、中身よりもメンツが大事で、謝ると面目をつぶすことになり、他人に対して劣等感を抱くことになる。

中国では、嘘をつかないと人間関係がうまくできないと思っている人がかなりいる。謝ることは自分に非があり、防御が破られるので謝れない。一部の中国人は非常に計算高く、謝ることのリスクが謝らないことより大きい、あるいは謝ることのメリットが謝らないことより小さいと思って、謝らないのだ。

よく謝る日本人と謝りたくない中国人。背景には、文化と民族性の違いが垣間見える。また、中国人はよくボディランゲージで謝る気持ちを表す。例えば、相手の前で両手を合わせる。あるいは相手の肩を友好的に叩くなど。また、「ご飯をごちそうします」と言うのもよくある。つまり、謝ることはもちろん大事だが、感謝の気持ちを伝えればいいと思っている。

（2022年11月）

▶ 中国人の「養児防老」の意識を変えるのか？

「養児防老」とは、中国の伝統的な考え方で、自分の老後を子供に背負わせるために子供を育てるという意味である。中国では昔から、娘よりも息子を好む傾向が強い。一族を受け継ぐだけでなく、男は強く、金を稼ぐことができると広く信じられているからでもある。

中国国内には、「養児防老」という考え方が残っている。子供を離さない、留学させない、息子が異郷へ出て行くのを恐れて息子に故郷のガールフレンドを探さなければならないと考えることさえある。

長年日本に住んでいると、「養児防老」の観念が薄くなってきた。子どもには子どもの人生があるのだから、無理に考えを変える必要はない。何歳であっても自立心を持ち、他人に迷惑をかけないということは、自分の家族にも迷惑をかけないということも含まれるはずだ。一方、中国から見ると、日本人は人情に乏しい。中国人は家族意識が強く、子供や孫に恵まれることが幸せな人生であると思っている。

ところが、今、中国では「養児防老」ということが現実的ではなくなってきている。実は、これは紛れもない事実なのだ。社会の発展や人々の習慣の変化に伴い、多くの人が必ずしも原点回帰を望んでいるわけではない。経済状況や生活環境の変化により、定年退職後に働き続けた都市や地域を離れ、より気候条件の良い都市での生活や老後を選択する人が相当数いるようだ。

大学を卒業した後、多くの人は大学を卒業した都市に留まる傾向がある。そうすれば、より良いキャリアと就職の機会が得られるからだ。もし、故郷の都市、実家に戻れば、親に付き添うことができるかもしれないが、キャリアには大きな影響を与えるかもしれない。

そのため、多くの子どもが親元を離れ、中には海外に出て行く人も多くいる。「養児防老」が不可能になり、高齢者は子どもに頼れないということが想像できる。また、1950〜60年代生まれの人は、計画経済時代と重なる1980年代以降に生んだ子供が多いため、ほとんど一人っ子の家庭だ。そして、このたった一人の子供が異郷の地、あるいは海外にいることも起こりうる。「養児防老」は今、ほとんど不可能で、多くの家庭が抱えている問題だ。

中国人は将来の老後のために何をすべきなのか？　実際、老後の過ごし方はすでに多様化しており、例えば、高・中・低レベルの高齢者介護サービスを提供するサービス事業者もある。

60歳以上の人口が2億6千万人もいる中国では、高齢化社会のプレッシャーが実に大きい。 現在、中国の高齢者の90％は家族と暮らし、7％が地域社会で助けてもらい、3％が老人ホームで暮らしている。子どもが1人しかいない家庭も多く、子どもが複数いても老人と子どもの両方の面倒を見なければならないし、年金などを持っていない高齢者も多い。高齢者向け公立・私立の福祉施設の充実は急務だと専門家は指摘する。

中国人は「養児防老」という伝統的な意識を変える時期に来ているのかもしれない。親と子は、功利主義的な考えではなく、精神的に尊敬し合い、支え合うべきであり、親は子に多くの利益を求めてはいけない。逆に、親の財産に目をつけて、お金があれば近くにいるけれども、なければ離れて行くというような子どももダメだ。

(2023年1月)

▶ 中国では、なぜ上野千鶴子のような人物がいないのか

先日、中国メディアの編集者から、「週刊文春」2023年2月号に掲載された「独身主義の上野千鶴子氏は、実は結婚していた」というかなり目を引く記事について、日本では大きなインパクトがあったのか、記事を書いてほしいと依頼された。

75歳の上野千鶴子さんに結婚歴があったことは、単なるプライベートのことだ。もちろん、上野さんは人格者であり、女性学者で、私は彼女を尊敬している。結婚していたとしても、彼女の著作がどう受け止められるかには関係がない。

中国の編集者が私の意見に同意してくれた。週刊誌が書いているように、上野千鶴子さんは20数歳年上の歴史学者との恋愛を長年続けて、彼が人生の終焉を迎えつつある中で正式に結婚

したことが事実であれば、これはロマンチックで立派なことである。

中国では、上野千鶴子さんといえばフェミニストというイメージがあるが、実は中国には有名なフェミニストはいない。多くの女性は、男性と同じように働いている。しかし、多くの女性は、自分の利益が侵害されたとき、怖くて声を上げることができない。

最近、「北京大学寮の雑談×上野千鶴子」が話題になっている。発端は、中国の人気サイトである「bilibili」の掲示板に投稿された記事にある。北京大学の同じ寮の女子卒業生3人が、上野千鶴子さんとフェミニズムについて放送で語り合う動画が、ネットユーザーから「くだらない質問」と嫌われたことだった。ただし、視聴者が多かった。

北京大学を卒業した3人は全員結婚しているが、上野千鶴子さんは独身で子供もいない。そこで、最初の質問は、「(結婚しなかったのは) 男性に傷つけられたからか、生家の影響ですか？」というものだった。

このような唐突な質問に対して、上野千鶴子さんは「結婚には興味ないけど、やっぱり男性は好き」「いわゆる自由は選択肢があること」「大事なのは自分を騙さないこと」とにこやかに答えた。結婚と子育ての関係を探る彼女の発言は、ネット上で「女性はどのような自由を追求すべきか」という議論を巻き起こした。

近年、中国における上野千鶴子さんの驚異的な人気は、女性問題への注目と密接な関係がある。特に社会の移行期におけるジェンダー、セクシュアリティ、結婚、女性に関する新しい問題の出現により、人々は新しい視点と洞察を求めている。

女性問題のテーマを広く研究してきた上野千鶴子さんは、そのカリスマ性と女性の権利のための絶え間ない議論と闘いによって、広く評価され、賞賛されている。その結果、上野さんの著書も近年、中国の出版市場で大きな人気を博しており、そのような中でこそ、出版社による北京大学卒業生らとの対話の動画が大きな注目と議論を呼んだ。

2019年、東京大学の入学式のスピーチの一節が、ネット上で話題になった。「大学に足を踏み入れた瞬間から、すでに性差別は陰で芽吹いています。社会に出れば、表立った性差別はさらに横行します。悲しいかな、東京大学も例外ではありません」。この大胆な演説をしたのは、上野千鶴子さんだった。

このビデオが中国で人気を博した後、上野千鶴子さんのフェミニズムに関する著作が大量に翻訳・紹介され、彼女が推進するフェミニズムや、彼女の個人的な見解に注目する中国の読者が増えてきた。中国での上野千鶴子さんの人気は、近年、女性の結婚・出産意欲の低さが続いていること、女性の職場でのハラスメントや差別、自己犠牲的な母性の強調など、社会レベルで女性問題が議論されていることや、上野千鶴子さんが東アジア女性の声を身近に表現してきたことが大きく関係している。

多くの中国人女性が、上野千鶴子さんの言葉に共感している。例えば、真のフェミニズムとは、自由を追求することであり、自由である限り、どんな生き方をしてもいいという考えだ。人生の選択肢を持つこと、自由を持つこと、定義されないことは、誰にとってもものすごく大切なことだ。

中国では、なぜ上野千鶴子さんのような人物がいないのか。

あえて言えば、表現の自由がないこと。文化的・創造的風土の違いは、少なくとも日本より30年以上遅れていると考えられる。また、中国は確かにまだフェミニズムの初期段階であり、歴史的なイデオロギーが原因で、何かとフェミニストについて世代間格差が生じている。

メディアでの影響力も異なる。主要なメディアの陣営は紙からインターネットへと早くから移行し、フェミニストは主に主要なソーシャルメディア上で活動している。一方、炎上に弱いメディアの対応は国によって異なり、例えば日本ではテレビ番組が攻撃を受けやすく、中国では、作家はフェミニスズムに関する書籍を全く出版できない。出版社は仕方なく別の道筋を切り開く外国人学者の上野千鶴子さんの著書を出版する。

毛沢東はかつて「婦女能頂半辺天（女性は空の半分を支えることができる）」と言った。中国政府のプロパガンダによれば、1949年以降、女性は男性と同等の地位を与えられ、実際に自分の人生の主人となったのである。あらゆる場面で、あらゆる職種で女性が活躍している。

だからここで、「女性の地位が高い」「この状況でフェミニズムが必要なのか」という誤解が生まれる。現実には、いじめられる女性や、勉強する権利を奪われる農村地域の女の子はたくさんいるはずだ。

「婦女能頂半辺天」の思想は政権のトップでも実現できない。中国共産党の意思決定機関である政治局には、24人のメンバーの中に一人も女性がいない。四半世紀ぶりという前代未聞の事態である。

2022年、共産党中央委員会205人の委員のうち女性は13人しかいない。常務委員会についても変化はなく、依然として完全に男性が仕切っている。実は百年前に、中国にはフェミニスト作家がいた。廬隠（Luyin）は、中国近代文学史上初のフェミニスト作家だと言われる。しかし、廬隠の運命はあまりにも残酷だった。彼女はとても勇敢だったが、常に拘束の籠から抜け出すことができない。

廬隠はたくさんの女性擁護の言葉を残し、ほとんどすべての作品に共通しているのは「女性の空は低く、羽は薄く、周りの負担はかさばる」という叫び声である。

もう一人は、中国における女性教育の先駆者であり、女性の権利運動の最初の提唱者の一人であり、中国のジャーナリズム史上初の女性編集者であり、才能ある作家・作詞家でもあった呂碧城氏。1906年、呂碧城が23歳の時に、徳と威信がある学者・厳復らの推薦で北洋女子師範大学の校長となり、近代中国で最初の女性校長となった。現在の中国なら、20代の女性大学校長は想像もできないだろう。

（2023年3月）

▶ ジャック・マーとトニー・レオンのように日本で隠居生活を送ろう

「週刊新潮」2023年3月16日号は、中国のネット通販最大手「アリババ集団」の起業家、ジャック・マー氏の日本での隠居生活に関する内部情報を総力特集している。前年の11月、ジャック・マーが日本にいることがメディアで明らかになったとき、誰もが「秘密を守るのがうますぎる」と思っただろう。先日、ジャック・マー氏は中国に戻った。

もう一人の中華圏の有名人も、よく日本で隠居生活を送っている。香港の映画スター、トニー・レオンは20年以上前から日本を自身の裏庭と考えるようになり、時折ひっそりと暮らしている。木村拓哉さんや妻木聡さんと一緒にSNSに登場することもあるが、この映画スターが会うのは2、3人だけ。サイクリングやサーフィン、スキーを楽しみ、ひっそりと孤独に暮らしている。妻のカリーナ・ラウがマネージャーを務め、多くの出演の誘いを断っている。

ジャック・マーとトニー・レオンの間に接点はないのだが、なぜ偶然にも彼らが日本を隠れ家に選んだのだろう。それは、日本人がお互いに適度な社会的距離を保っているからではないだろうか。日本人はたとえ有名人であっても、他人のプライバシーを詮索したり干渉したりしないし、取り囲まれるような面倒なこともない。

日本では、トニー・レオンは本当に自由である。喫茶店でたまにいるファンに気づいてもらい、それにうなずきと笑顔を送るだけでいい。

日本の女優さんたちのインスタグラムを見ていると、お子さんの幼稚園の行事に参加するとき、周りは彼女たちを芸能人として扱うのではなく、皆と同じく普通のお母さんとしてで、自然に子育てのヒントを交換し合っている。

近年、人気がますます高まっている木村拓哉さんは、カジュアルな服装で愛犬を散歩させ、隅っこでしゃがんでいる姿をよくインスタグラムに投稿されている。彼が通りすがりの人に認識されても、「木村拓哉」と騒ぐ人はいないだろう。

2022年11月、木村拓哉さんが登場した「ぎふ信長まつり」では、馬に乗り、46万人が道の両脇に集まり、スターの華麗な姿に陽気に騒いでいた。日本人はスターの仕事とプライベートの違いをはっきり分けられる。

日本では木村拓哉さんよりも知名度が相対的に低いジャック・マー氏やトニー・レオン氏は、当然、日本での隠遁生活でリラックスできる。ところで、たまたま中国のサイトで動画を見たところ、大陸の俳優と結婚した台湾のアーティスト、伊能静が息子と一緒に中国のどこかの空港を歩いていて、その前後を何十人もの人が携帯電話で撮影しており、明らかにアーティストのパーソナルスペースを侵害していた。

話を隠居に戻す。本来、隠居は庶民には手が届かないような気がする。古来、隠遁生活とは、官職を捨てたり、財産を捨てて地の果て、海の果てまで行って仙人のように生きることを意味した。

しかし、私が言いたいのは、日本という国は、セレブやお金持ちだけでなく、一般の人が隠居生活を送るのにも適しているということだ。隠居とは､近年中国の「寝そべり族」とは違い、自分に合ったライフスタイルを積極的に選び、人生を満喫することだ。

隠居生活ライターの大原扁理（へんり）さんの著書『20代で隠居　週休5日の快適生活』を読んだ。少ない収入で、自由で楽しく生活をすること。隠居を人生の信条とした。20代前半は東京でアルバイトをして生計を立てていたが、その後、あまりの大変さとストレスに耐えられなくなる。25歳の時、週に2日介護の仕事をし､残りの時間はお茶を飲んだり本を読んだりして過ごした。

その後、台湾に移り住み、数年間、隠居生活を続けた。最近の2年間は、コロナや両親の介護の必要性から、日本に帰国して隠居生活を送り､本を書いている｡社会と一定の距離を置き、マイペースな生活を送っている。正直言って、羨ましい！

近年、大原さんのように、地方で隠居生活を送る若者は少なくない。地方は特に高齢化が進んでいるため、若い労働力が特に不足している。その結果、多くの若者が、地方政府の呼びかけに応じ、サラリーマンの重い鎧を翼の羽に変えて、広大な田舎に出向き、見事に隠居生活を送っている。彼らは自分たちで食材や野菜を育て、山と川と海を満喫している。このような隠居は地方の活性化に貢献していると思う。

「ジャック・マーとトニー・レオンのように日本で隠居生活を送ろう」とは、皆がジャック・マーやトニー・レオンと同じレベルの生活をするのではなく、自分に合った隠居生活のあり方を見つけることだ｡例えば､作家が文章を書くということは、実は隠居生活を実践しているのだ。普通の人も隠居の楽しみを味わうことができる。

同時に、隠居という概念をもう少し広げて、段階を踏んで人と離れて生活することも試す価値がある。人ごみからしばらく離れ、誘惑を捨て、たとえば祝賀会やイベントには行かず、読書や執筆に時間を割く。

心の「隠居」もある。例えば、混雑した喫茶店で読書をし、喧騒の中に自分の中の静けさを体験し、心に秘めたるものを感じる。最近では、SNSから身を隠せば、スポンジを絞らずとも水が滴り落ちるように、自分の時間が増えてくる。

一部の中国人観光客は、日本の秘境を旅する術を身につけている。秋葉原や新宿、浅草などの混雑した場所に行くのではなく、佐賀や香川、鹿児島などの人里離れた村の奥深くへ行き、茅葺き屋根の民宿に泊まり、iPad Proを持ち、尾根に座って株式市場の相場を見る…これが新しいトレンド「隠居」である。

ポストコロナ時代、中国人観光客に向ける日本観光の宣伝文句は、次のようなものがいいかもしれない。「ジャック・マーとトニー・レオンのように日本で隠居生活を送ってみませんか」。

（2023年4月）

▶ 日中医療の比較　中国で日本式のリハビリを実現することは可能なのか

私は2023年4月24日から脳血管の病気で2ヶ月近くの間、2つの病院に入院していた。入院中に、中国のマスコミの方に聞かれた。「日本の病院と中国の病院は、どんな違いがありますか」。

異なるところがもちろん多い。近年、中国は経済発展につれて、大都市の医療環境はかなり進歩していると思う。ただし、全体的に日本との差がまだまだある。一方、中国の病院のほうが効率的な面もある。

ある中国在住の日本人に、中国の病院の方が効率的だと言われた。例えば、血液検査の結果は、2、3時間後に患者の携帯に知らせる。あるいは、患者が診察券を使って、特定の機械で検査結果を印刷できる。日本の場合は、これらに数日かかることがある。一言でいうと、中国は広いから、各地の医療環境は確かにそれぞれ異なる。多くの中国在住の日本人は、上海など大都市に住んでいる。それらの大都市の病院環境は、当然優れている。中国のIT技術はかなり進んでおり、医療を含めて、さまざまな分野で応用されている。

医療に関して、中国で一番大変なことは、入院すること。入院には家族のケアが必要で、家族がいない場合は介護者を雇う必要がある。費用は割高になる。1日300 〜 400元（日本円で6000〜8000円）かかることもある。それにしても家族が付き添うことは不可欠である。中国的医院分等级，三級甲等病院（三甲病院と略称）とは、中国の現行の「病院分類管理弁法」の規定に従って分類された医療機関のことで、中国における病院の「3段階6等級」分類の最上位に位置する。

「三甲病院」の主な評価項目は、医療サービスと管理、医療の質と安全性、技術レベルと効率性、などである。三甲病院は主に大都市にある。地方の県立病院の環境はここ数年でかなり改善されたが、一部の医療設備などはまだまだ後進的だ。

中国医学のもうひとつのキーワードは「高幹病房」だ。「高幹」とは、共産党の高級幹部のこと。幹部の階級によって異なる医療措置を取る。「高幹病房」は当然のことながら広い個室で、環境は優れている。これには、特別な医療ケア、治療が優先的に受けられる。普通の人々がなかなか享受できないことだ。つまり、医療に関して、中国では格差が大きい。

ところで、近年、お金持ちの人が増えて、経済力があれば、いい医療を受けられる。例えば、私の故郷福州の裕福な友達は毎年、わざわざ上海に行って、人間ドックを受けているらしい。

自分の病気で、日本の医療をちょっと体験した。日本の病院は、役割分担がきちんとしている。大学病院、都立病院など大規模の病院は、主に救急の役割を果たしている。ほかに多くの小規模の診療所、クリニック、病院は人々の日常の病気を治す。

2023年、私が1か月入院していた原宿リハビリテーションは、サービス精神が抜群だと感じた。日本での入院は、中国と違って、あらゆる面で、病院が患者の面倒を見る。中国のように家族に頼ることがないのは、とても素晴らしいと思う。そこで私は、日本各地から集まった、大学のリハビリテーション専門やリハビリテーション専門学校を卒業した優秀な日本の若者たちに出会った。私は日本のサービスの真髄を体験した。

リハビリの間は、世間話やおいしい食べ物、楽しいことなど、気軽に話しかけてくる。屋外のリハビリ散歩中に、プライベートなことを話すこともある。働きながら大学院で学び、将来はリハビリ学の教授を目指している人もいる。恋愛と結婚については、30代前半ですでに2児の父である人もいれば、30歳近くになっても「趣味優先、結婚は考えたことがない」という人もいる。会話を通して、それぞれの個性や価値観が見え、友人のように親しくなる。

退院の前日、私は高い技術を持つ青年と中国の話題について話し合った。日本のリハビリ技術やサービスを中国に導入することは可能なのだろうか？　彼の意見では「文化や習慣が異なるため、日本のリハビリテーション技術者が中国の患者に対応するのは難しいでしょう」。

では、中国で日本式のリハビリを実現することは可能なのだろうか？　彼は、リハビリは患者と技術者が常にコミュニケーションをとる一般医療とは異なり、国情も異なるので、おそらく国によって患者と技術者の距離感やコミュニケーションの取り方は大きく異なるだろうと語ってくれた。

退院の前日と当日は、スタッフが私の部屋に来て、別れを告げたが、それでも「二度とここに戻らないで」と言われた。涙が出るほど感動した。ある女性スタッフが手書きのおやつのレシピをくれた。

しかし、この病院の規則としては、スタッフが退院後の元患者に接触することを禁じられている。まさに一期一会だ。病院のメールアドレスにお礼の手紙を送り、回復期の患者交流会などのイベントを提案したところ、グループ名で丁寧な返信があった。

1カ月ほど、洗練された日本のサービスと日本の病院の快適さを体験することができた。看護師は患者の血圧を測るとき、笑顔で「ありがとう」と言ってくれた。職場の雰囲気はとても和やかで、上司と部下はお互いに愛想よく話している。

入院はつらいだけではなく、感動的で、同時に喜びでもあった。私の病は、肉体的にも精神的にも損と得をする病気である。教訓は、無理をしないこと、ペースを落とすこと、価値観の異なる人と喧嘩しないこと。人は人との出会いの中で人生の価値を育むのだ。リハビリテーション病院での素晴らしい日本の若者たちとの出会いは、一生の喜びであった。

人は老いていくのが自然なことである。昨今、人々はますます若々しくなり、メイクアップや美容技術の進歩に頼って、本当の姿を隠しているように見える。加齢は現実のものであり、体内では無意識のうちに変化が起きている。加齢は徐々に進み、記憶力や判断力は加齢とともに低下する。

今回のリハビリを経験して、脳の回転スピードが落ちないように、老化が進まないように、内なる意志力と体力を鍛えることが大切だと気づいた。「高速脳」を維持し続けられるよう、また、リハビリの技術が進歩し続けることを願ってやまない。

（2023年7月）

▶ 働き方改革は上下関係の民主化から始めよう

2022年、日本の中古車販売会社BIGMOTORの自動車保険料不正請求疑惑が発覚した際、社長は1年分の報酬を返上し、副社長以下役職者の報酬を削減すると発表した。この会社の株式は社長父子だけのものであり、役員報酬の減額は社長の収入増にならないのか。減俸されて社長が辞任したとしても、親子の収入に大きな影響はない。保険金を得るために、顧客の車を破壊するような行為は法律で罰せられるべきだ。それは企業の成長ではなく、不誠実な行為であり、単なる儲け主義である。

私が注目したのは、社長の息子である副社長がLINEのグループで「教育」「死刑」という言葉を連発したことだ。社員は恐れおののきながら謝罪した。単に経営者と従業員の関係というより、前者はスタッフの悪口や侮辱を好き勝手に言うことができ、後者はそれにひれ伏し服従することしかできない歪んだものだ。

BIGMOTORの従業員の平均年収は1000万円を超え、高収入である。おそらくお金のためであり、いい生活を送るために、人間の尊厳は捨てなければならないのだろうか。お金も尊厳も大切だが、少なくとも悪意を容認できる最低ラインはある。そして、経営者はその立場を利用し、客観性や合理性を失い、好きなだけ富を集め、やりたい放題で、言いたい放題で、従業員に対する敬意や理解のかけらもない。そのような会社が生き残ることは難しく、日本社会から見放されていくだろう。

上司の暴言を前にして、なぜBIGMOTORの社員はあえて抵抗しなかったのか。なぜLINEの企業グループ内で、副社長の暴言が無礼で理性に欠けていることを指摘する人が立ち上がらなかったのか。おそらく内輪では、副社長の性格が悪すぎるという意見が出るだろうし、部下が上司に従順であることを踏まえ、誰も何も言わず、低姿勢で謝罪したのだ。

日本のテレビドラマで、部下が土下座して上司に謝罪する姿は日本的光景である。日本では特に上司と部下、先輩と後輩の関係が明確で、部下は日常的に上司に報告、連絡、相談する必要がある。上司は話し、部下はノートを取り、敬意をもって記録する。日本人の育ちや礼儀作法は立派だが、礼儀作法は相互対等の産物であり、たとえ上司と部下という関係であっても、お互いを尊重することが最低限のモラルである。

近年、日本では働き方改革が提唱されているが、まずは上司と部下の付き合い方を変え、人間関係や仕事の進め方をよりシンプルで効率的なものにする必要がある。上司が部下の話を聞くときも、メモを取る必要があるのではないか。上司が絶対的な権限を持ち、部下が自分の意見を言わずに聞くだけであれば、それは企業における民主化の欠如に等しい。働き方改革は、まず上下関係の民主化から始めよう。

欧米諸国、中国であれば、状況はまったく同じではないだろう。欧米の上司は、ユーモアで部下を批判するかもしれない。もし社内でBIGMOTORの副社長のような暴挙があれば、問題は人権侵害のレベルにまで発展するのではないか。もし、中国企業のSNSグループで上司が汚い言葉を口にしたらどうなるだろうか。多分、抵抗する人、騒ぐ人、ごまをする人などなど、さまざまな現象が起こるかもしれない。これは文化の違いの結果である。日本人のマナーや従順さは、悪意の前では情けなく見える。

「正社員」という身分を世界で最も重要視しているのは、おそらく日本人だけだろう。テレビ広告の主人公が、正社員としての雇用を通告されて大喜びしているのは、ちょっと不思議な感じがする。それが最も一般的で普通の仕事の形態なのだろうか？　今の時代、日本ではまだまだ伝統的な働き方が主流のようだ。「正社員」というステータスは、相対的に安定を意味する。

しかし、BIGMOTORのように、安定の代償としてノルマに苦しみ、嫌なパワハラを我慢するのだとしたら、人生はなんと辛く退屈なものだろう。「正社員」はもう少し正義と尊厳があってもいいのではないだろうか？　もちろん、ひとつ注意しなければならないのは、抵抗は正当化されるべきであり、自分自身を傷つけないためでもある。

BIGMOTORの経営者の極端な言動は、日本でも間違いなく極めて例外である。多くの日本企業は、理念とセンスがあり、従業員を大切にし、社会貢献に熱心で、その結果、長寿企業が多い。ただし、BIGMOTORの件が孤立したケースだとしても、日本の企業文化が経済不況下で後退しているのではないかと思わざるを得ない。

上司が部下の仕事に改善点を見出し、善意で批判するのは当たり前のことである。しかし、暴言を吐いたり、人間以下の扱いをすることがあってはいけない。企業によっては、パワハラやいじめが現在でも起きていることは否めない。経営者の個性はさまざまだが、社会貢献、客観性、合理性、人材重視、社員の幸福への配慮は、経営者の基本的資質ではないだろうか。

コロナの後、人々の働き方は世界的に変化しており、必ずしも誰かの下で働いて生計を立てることを選ばない人々が増えている。実際、近年では多くの日本企業が従業員の副業を認めており、新時代の一歩を踏み出している。転職ビジネスを展開する企業はますます業績を伸ばしており、若者はより自分に合ったポジションを見つけ、生涯一つの企業にだけ勤めることはあり得ないと考えられる。

日本では、会社を興すのはとても簡単で、個人事業主になって自分で仕事をするのが楽かもしれない。今後は、雇用関係ではなく、技術を身につけ、社会の特定の組織や企業と協力関係を築くことでやりがいと収入を得られるフリーランスが増えていくだろう。もちろん、継続的な学習と自己研鑽は必須条件である。

（2023年8月）

あとがき 「二刀流」を辞めました！

読者の皆様、113の中国流行語を通して、ご自身なりの「新中国」のイメージは形成されましたか？　異なる中国と中国人の姿が浮かび上がりましたか。言葉の進化と共に、中国社会も近年大きな変貌を遂げています。特に、政府と人々を別々に見ていただき、政治と文化を区別して考えることの重要性をお伝えしたいと思います。

そういえば、この本を書き始めたのは2020年8月で、メルマガを通じて「新中国語」を蓄積し、それを通して中国の最新情報を伝えてきました。すでに約4年が経過しています。もし読者の皆さんが「新中国語」を通じて中国に関心を持ち始めていただけたなら、これ以上の喜びはありません。

皆さんもご存知のように、コロナの影響で中国と日本は長期にわたる「隔離」状態にありました。人々の往来は大幅に減少しました。私自身、以前は年に1、2回は訪れていた中国に、2019年秋から現在まで一度も戻っていません。この数年で中国の状況や中国人の価値観は大きく変化したことでしょう。

私は言語が強靭な生命力を持ち、言語と文化が絶えず進化し、流行語がその進化の最前線にあると考えています。「新中国語」の表現は絶えず生まれ、これからも注目すべきでしょう。流行語から、私たちは社会や文化について考え、異文化交流の機会を増やすことを祈念しています。教科書には載らない「新中国語」には、無限の可能性があり、人々の想像力を刺激すると信じます。

母国語以外で、私は日本語が最も好きで縁が深いのは間違いないです。毎日、日本語で書いたり読んだりしています。私なりに日本語を表現する努力をしていますが、不備があるかもしれませんので、ご容赦ください。また、ご意見を伺えれば幸いです。

十数年にわたり教育関連の仕事とフリージャーナリストの「二刀流」を行ってきました。2023年4月には大病を患い、それは人生観と価値観を再考するきっかけになりました。常に時間に追われ、忙しい日々を送っていたため、心の余裕を失ってしまいました。それ以来、人生のペースを「急行電車」から「各駅停車」に変え、世間の風景をじっくりと味わいたいと思っています。

2024年6月末に「二刀流」を辞めることにしました。フリージャーナリストに専念して、引き続き日本と中国の文化比較を行い、過去2年間で深い関心を持った文化資源学の日中比較を含め、様々なテーマに取り組んでいきます。微力ながら、日中文化交流に貢献できればと存じます。本書をお読みいただき、ありがとうございました。

最後に、本書の出版を快く引き受けてくださった風人社に対し、感謝の意を申し上げます。本書を作る過程で、的確なアドバイスと細かな編集作業をしてくださった風人社社長の大森誠さん、編集者の小菅めぐみさんに心から感謝いたします！

（2024年7月）

黄文葦（こう・ぶんい）

1967年、中国福建省福州市生まれ。
日本と中国、日本語と中国語を愛する在日中国人のバイリンガル作家。中国の大学と日本の大学院でマスコミを専攻し、十数年間、日中両国のマスコミの現場を経験した後、2009年から留学生教育に携わる仕事に従事。2000年来日以降、中国語と日本語で教育、社会、文化の問題に焦点を当てたコラムを執筆し、両国の「真実」を相手国に伝えることを模索している。2019年に電子書籍『日中文談：在日中国人の日本観（エッセイ）』を出版。2020年8月から2023年7月までの3年間、日中文化比較のメルマガ「黄文葦の日中楽話」を発行。
長年にわたり、「二刀流」で教育者とフリージャーナリストとして活動してきた。2024年7月から文筆業活動に専念することを決めた。

新中国語から中国の「真実」を見る！
現代流行語解説と日中文化比較

2024年10月29日　初版第1刷発行

著　者　黄文葦

発行所　株式会社　風人社
〒201-0005　東京都狛江市岩戸南1-2-6-704
TEL　03-5761-7941
FAX　03-5761-7942
ホームページ　https://www.fujinsha.co.jp

印　刷　シナノ印刷

ISBN 978-4-910793-11-5 C0087